Harald Ludwig (Hrsg.)

Erziehen mit Maria Montessori

Ein reformpädagogisches Konzept
in der Praxis

Herder Freiburg · Basel · Wien

Gedruckt auf umweltfreundlichem,
chlorfrei gebleichtem Papier

Einbandfoto: Hartmut W. Schmidt, Freiburg
Innentextfotos: Annette Onken

3. durchgesehene Auflage

Alle Rechte vorbehalten – Printed in Germany
© Verlag Herder Freiburg im Breisgau 1997
Satz: Barbara Herrmann, Freiburg
Druck und Bindung: Freiburger Graphische Betriebe 2000
ISBN 3-451-26390-4

Inhalt

Vorwort des Herausgebers

Kein anderes reformpädagogisches Konzept dürfte international so weit verbreitet sein wie die Pädagogik Maria Montessoris. In zahlreichen Ländern aller Erdteile gibt es Einrichtungen, in denen man ihre Pädagogik praktiziert: vornehmlich Kindergärten („Kinderhäuser") und Grundschulen, aber auch Sekundarschulen. Auch in der Familie orientieren sich viele Eltern an den Prinzipien dieser Pädagogik. Man findet die Montessori-Pädagogik in Industriestaaten und in Entwicklungsländern, bei unterschiedlichen Völkern, Kulturen und Religionen. Sie wird eingesetzt für Kinder aller sozialen Schichten und verschiedenartigster Fähigkeiten, für Lernschwache und Hochbegabte, für Behinderte und Nichtbehinderte sowie für deren gemeinsame (integrierte) Erziehung und Bildung. Seit dem Ende der kommunistischen Herrschaft kann man in den Ländern Osteuropas wie schon in früheren Zeiten wieder ein reges Interesse an der Montessori-Pädagogik feststellen. Dies gilt auch von den neuen Bundesländern im Osten Deutschlands.

Im westlichen Deutschland wurden schon bald nach Ende des 2. Weltkriegs Bemühungen um einen Wiederaufbau der Montessori-Pädagogik aufgenommen. Durch das nationalsozialistische Regime waren Montessori-Einrichtungen aus der Zeit der Weimarer Republik geschlossen und die Verbreitung der Montessori-Pädagogik verboten worden. Inzwischen gibt es in Deutschland über 300 Kinderhäuser, mehr als 150 Grundschulen und 40 Sekundarschulen aller Schulformen sowie einige Sonderschulen, die nach der Konzeption der italienischen Pädagogin arbeiten. Viele dieser Schulen – vor allem in Nordrhein-Westfalen – sind staatliche Einrichtungen, manche werden von freien Trägern unterhalten. In zunehmendem Maße werden in jüngster Zeit auch Montessori-Eltern-Kind-Gruppen für Kinder unter drei Jahren gegründet. Schließlich gibt es neuerdings unter Bezug auf entsprechende Vorschläge Montessoris auch Überlegungen zu einer Gestaltung des Hochschulstudiums nach Prinzipien ihrer Pädagogik. Besondere Beachtung findet die Montessori-Pädagogik ferner im Rahmen von Bestrebungen, behinderte und nichtbehinderte Kinder gemeinsam zu erziehen und zu unterrichten. Ein entsprechendes Konzept für Kindergarten und Schule wurde von dem Münchener Kinderarzt Prof. Dr. Theodor Hellbrügge seit Ende der 60er Jahre entwickelt und realisiert. Es hat inzwischen nicht nur in Deutschland, sondern auch international Beachtung und Verbreitung gefunden.

Angesichts so umfassender Anwendungsmöglichkeiten der Pädagogik Maria Montessoris nimmt es nicht wunder, daß nicht nur zahlreiche Berufspädagogen, sondern auch viele nicht pädagogisch ausgebildete Personen sich für diese Pädagogik interessieren und sich über sie informieren möchten. Insbesondere sind es viele Eltern, die Näheres über die Montessori-Pädagogik erfahren wollen, um für ihre eigenen Erziehungsaufgaben Anregungen und Orientierungspunkte zu erhalten oder auch um besser entscheiden zu können, ob sie ihre Kinder nach Montessori-Prinzipien in Familie, Kindergarten und Schule erziehen und unterrichten lassen möchten. Denn durch die zunehmende Verbreitung von Montessori-Einrichtungen in allen Stufen unseres Bildungswesens bietet sich für immer mehr Eltern die Möglichkeit, ihre Kinder eine solche Einrichtung besuchen zu lassen. In Krefeld etwa gibt es ein Montessori-Zentrum in freier Trägerschaft, in dem Kinder vom Kindergarten bis zum Abitur Montessori-Einrichtungen besuchen können. Vielfach schließen sich auch Eltern zu Initiativen zusammen, um in ihrem Bereich solche Möglichkeiten zu schaffen, soweit sie dort nicht angeboten werden.

Das vorliegende Buch möchte pädagogisch interessierten Personen, insbesondere Eltern, einen Einblick in die Montessori-Pädagogik von der Frühpädagogik bis zur Sekundarschule ermöglichen. Es konnten für diese Aufgabe Autorinnen und Autoren gewonnen werden, welche die Pädagogik Montessoris nicht nur theoretisch kennen, sondern auch über praktische Erfahrung in ihrer Anwendung in den verschiedenen Bereichen unseres Bildungswesens verfügen und in vielfältiger Weise an deren kreativer Weiterentwicklung beteiligt sind. So gibt dieses Buch nicht nur eine Einführung in die Grundlagen der Montessori-Pädagogik, sondern zeigt zugleich anhand praktischer pädagogischer Arbeit ihre Möglichkeiten in der heutigen Situation auf. Es wird deutlich, daß es sich nicht um ein starres Konzept handelt, sondern um eine Pädagogik, die in einem lebendigen Prozeß ständiger Entwicklung im Rahmen einer sich durchhaltenden Grundskizze steht. Den Abschluß des Bandes bildet eine Zusammenstellung von Äußerungen Maria Montessoris zur Kindererziehung.

Mögen die Beiträge dieses Buches dazu beitragen, sich mit den Ideen der weltberühmten italienischen Pädagogin bekanntzumachen und sich von ihnen für die eigene pädagogische Arbeit in der Familie oder in öffentlichen Bildungseinrichtungen anregen zu lassen.

Münster, im September 1997 *Harald Ludwig*

Vorwort des Herausgebers zur 3. durchgesehenen Auflage

Die Tatsache, daß innerhalb von drei Jahren nun schon die 3. Auflage des 1997 erstmals erschienenen Buches erforderlich ist, verweist auf die erfreuliche Resonanz, welche dieses in die Pädagogik Maria Montessoris einführende Werk gefunden hat. Zugleich ist dieser Umstand ein Hinweis auf das in Deutschland (wie in anderen Ländern) nach wie vor zunehmende Interesse an der Konzeption der italienischen Pädagogin. Wenn auch exakte statistische Angaben fehlen, kann man für Deutschland davon ausgehen, daß dort inzwischen mehr als 400 Kinderhäuser, 180 Grundschulen und 60 Sekundarschulen aller Schulformen sowie einige Sonderschulen die Montessori-Pädagogik praktizieren.

Für diese neue Auflage des Buches konnten die Texte durchgesehen, kleinere Korrekturen angebracht und das Literatur- und Anschriftenverzeichnis auf den neuesten Stand gebracht werden. Herausgeber, Autorinnen und Autoren hoffen, daß das Buch weiterhin vielen pädagogisch interessierten Lesern einen zuverlässigen Zugang zur Pädagogik Maria Montessoris ermöglichen und sie zu weiteren Studien anregen wird.

Münster, im Mai 2000 *Harald Ludwig*

1. Maria Montessori – Leben, Werk, Grundgedanken

Harald Ludwig

1.1 Biographische Skizze

Als Maria Montessori 1913 ihre erste Reise in die USA unternimmt, wird sie begeistert empfangen. Die Presse würdigt sie als „interessanteste Frau Europas, ... die das Erziehungssystem der Welt revolutioniert hat ..., deren Erfolg so wunderbar war, daß sich die Montessori-Methode in einer Nation nach der anderen verbreitet hat, im Osten bis nach China und Korea, im Westen bis nach Honolulu und im Süden bis in die Republik Argentinien."[1] Tausende bemühen sich, Zugang zu Montessoris Vorträgen zu erhalten. Führende Persönlichkeiten der Vereinigten Staaten bis hin zum damaligen Präsidenten und seiner Gattin suchen das Gespräch mit ihr und sprechen sich für eine Unterstützung ihrer Arbeit aus. Maria Montessori ist in wenigen Jahren zu einer weltberühmten Persönlichkeit geworden, obwohl sie erst 1909 ihr erstes Buch mit einer Schilderung der Grundzüge ihrer pädagogischen Arbeit in dem 1907 in Rom gegründeten „Kinderhaus" für zwei- bis sechsjährige Kinder veröffentlicht hat. Wer ist diese Frau, die für ihre Pädagogik in so kurzer Zeit weltweite Aufmerksamkeit findet? Welche neuen Einsichten für Erziehung und Bildung junger Menschen hat sie erbracht?

Maria Montessori wird am 31.8.1870 in Chiaravalle in der italienischen Provinz Ancona geboren. Sie wächst in einem bürgerlichen Elternhaus auf, seit 1875 infolge einer beruflichen Versetzung ihres Vaters in Rom. Dort stehen bessere Schul- und Bildungsmöglichkeiten zur Verfügung als in der Provinz. Nach der Grundschule besucht sie eine naturwissenschaftlich-technische Sekundarschule, an der Mädchen nur in Ausnahmefällen vertreten sind. Dieser eigenwillige Lebensweg setzt sich fort mit dem Studium der Medizin,

---

[1] Zitat nach Kramer, R.: Maria Montessori – Leben und Werk einer großen Frau, Frankfurt a.M. 1995, S. 223.

das Frauen damals in Italien noch nicht offensteht. Maria Montessori überwindet alle Schwierigkeiten und wird 1896 die erste Ärztin Italiens. Im selben Jahr vertritt die sozial engagierte junge Akademikerin mit großem Erfolg die italienische Frauenbewegung beim internationalen Frauenkongreß in Berlin. Ihre dortigen Reden mit Gedanken zur Frauenemanzipation sind noch heute von Interesse.[2]

Zur Pädagogik findet die Medizinerin Montessori über behinderte Kinder, mit denen sie im Rahmen einer Tätigkeit als Assistenzärztin an der Psychiatrischen Universitätsklinik in Verbindung kommt. Sie erkennt, daß das Problem dieser damals in Irrenanstalten gehaltenen geistig zurückgebliebenen Kinder nicht nur ein medizinisches, sondern auch, vielfach sogar primär, ein pädagogisches ist. Im Anschluß an zwei in Vergessenheit geratene französische Ärzte des 19. Jahrhunderts, Jean-Marc Itard (1774–1838) und Édouard Séguin (1812–1880), deren Werke sie intensiv studiert, entwirft sie ein pädagogisches Förderprogramm für diese Kinder und wirbt dafür mit Vorträgen. Der Grundgedanke ist, über eine Aktivierung der Sinne das trotz der Schädigung verbliebene geistige Potential der Kinder anzusprechen und zu entwickeln.

Man überträgt ihr die Leitung eines Instituts für Sonderschullehrer in Rom mit einer angeschlossenen Schule, in der sie auch selbst intensiv unterrichtet. Rückblickend schreibt sie dazu: „Diese zwei Jahre Praxis geben mir meinen ersten und wahren Anspruch in bezug auf Pädagogik."[3] Es gelingt Montessori zum Erstaunen aller, einige ihrer geistig zurückgebliebenen Kinder so zu fördern, daß diese bei öffentlichen Prüfungen mit nichtbehinderten Kindern, die eine normale Schule besuchen, mithalten können.

Montessori denkt nun darüber nach, ob die bei ihrer Arbeit mit behinderten Kindern gewonnenen Erkenntnisse nicht auch für die Erziehung und Bildung normal entwickelter Kinder genutzt werden könnten. Sie gibt die Leitung des Instituts und der Schule auf und beginnt – obwohl schon eine bekannte und anerkannte Persönlichkeit – ein Zweitstudium, vor allem der Anthropologie, und führt in Schulen verschiedene Untersuchungen durch. Eine Rolle mag dabei auch spielen, daß das Verhältnis zu ihrem Kollegen Dr. Montesano,

---

[2] Vgl. z. B. Schiersmann, Ch.: Frauenleben im Lichte Montessoris, in: Fuchs, B./ Harth-Peter, W. (Hrsg.): Montessori-Pädagogik und die Erziehungsprobleme der Gegenwart, Würzburg 1989, S. 116–127.
[3] Montessori, M.: Die Entdeckung des Kindes, Freiburg 1980, S. 27.

dem Vater ihres 1898 unehelich geborenen Sohnes Mario, endgültig zerbrochen ist. Nach diesem Zweitstudium lehrt Montessori seit 1904 an der Universität Rom pädagogische Anthropologie.

Wesentliche Impulse für die Weiterentwicklung ihrer Pädagogik verdankt die theoretisch umfassend gebildete Hochschullehrerin wiederum praktischen Erfahrungen mit Kindern. Denn sie nimmt das Angebot einer Wohnungsbaugesellschaft an, im römischen Elendsviertel San Lorenzo eine Bewahranstalt für Kinder dort wohnender Arbeiterfamilien im Alter von zwei bis sechs Jahren zu leiten und pädagogisch zu gestalten. 1907 wird diese erste Casa dei Bambini (= „Kinderhaus") eröffnet. In der Arbeit mit den geistig nicht behinderten, aber sozial benachteiligten Kindern gewinnt die italienische Ärztin und Pädagogin weiterführende Erkenntnisse.

Zentrale Bedeutung erhält ihre Beobachtung, daß sogar kleine Kinder im Alter von etwa drei Jahren – im Widerspruch zu damals herrschenden theoretischen Auffassungen – zu einer außergewöhnlichen anhaltenden Konzentration fähig sind, wenn sie Gelegenheit haben, sich in freier Wahl mit einem ihrem jeweiligen Entwicklungsstand entsprechenden Gegenstand manipulativ auseinanderzusetzen. Montessori bezeichnet dies als Phänomen der „Polarisation der Aufmerksamkeit". Sie stellt umfassende Bildungswirkungen solcher konzentrierten kindlichen Aktivitäten fest, welche die ganze Persönlichkeit des Kindes betreffen. In diesem Zusammenhang spricht sie auch von der „Normalisation" des Kindes, d. h. dem Wiederherstellen der wahren positiven Möglichkeiten, über die das Kind von Natur aus verfügt, die aber bei einer unangemessenen Behandlung durch die Erwachsenen verbogen werden („Deviationen"). „Und von nun an" – resümiert Montessori – „war es mein Bestreben, Übungsgegenstände zu suchen, die die Konzentration ermöglichen; und ferner studierte ich gewissenhaft, welche Umgebung die günstigsten äußeren Bedingungen für diese Konzentration bietet. So begann sich meine Methode aufzubauen."[4]

Die ungewöhnlichen Erziehungs- und Bildungserfolge, welche die italienische Pädagogin mit den Kindern von San Lorenzo erzielt, werden rasch bekannt. Besucher aus vielen Ländern reisen nach Rom, um sich selber ein Bild zu machen. Es kommt zur Gründung weiterer Kinderhäuser. Montessori entschließt sich zur Beendigung

---

[4] Montessori, M.: Dem Leben helfen. Kleine Schriften 3, Freiburg 1992, S. 44f.

ihrer Lehrtätigkeit an der Universität Rom und zur Aufgabe ihrer Praxis als Kinderärztin. Sie will sich von nun an ausschließlich der Verbreitung und Weiterentwicklung ihrer pädagogischen Ideen widmen: durch Vorträge, Publikationen, Kongresse, internationale Kurse zur Ausbildung von Pädagogen sowie Gründung von pädagogischen Einrichtungen. 1909 erscheint ihr erstes Buch. Noch vor dem ersten Weltkrieg breitet sich ihre Konzeption in zahlreichen Ländern der Welt aus. Montessori beginnt eine bis zu ihrem Tod andauernde Wanderschaft, die sie in viele Länder der Welt führt.

Sie hat ihre Pädagogik inzwischen für die Primarstufe, d. h. für Kinder im Alter von 6 –12 Jahren, weiterentwickelt und erprobt. Dazu veröffentlicht sie ein umfangreiches Werk als Fortsetzung ihrer Schrift von 1909.[5] 1916 verlegt sie ihren Wohnsitz nach Barcelona. Dort führt die katholische Reformpädagogin auch religionspädagogische Versuche durch, über die sie später wiederholt berichtet.[6] Nie jedoch gibt sie ihrer pädagogischen Konzeption eine weltanschauliche Enge. Denn ihre pädagogischen Ideen sollen allen Kindern dieser Welt zugute kommen. Sie können dies, weil sie auf Einsichten über den Menschen und seine Entwicklung beruhen, die nach Montessoris weltweiten Erfahrungen in ihren Grundlagen unabhängig von kulturellen, sozialen, ethnischen oder religiösen Besonderheiten sind, auf einer allgemeinmenschlichen Basis beruhen.

Nach dem ersten Weltkrieg arbeitet Montessori in dem 1921 gegründeten „Weltbund für Erneuerung der Erziehung" („New Education Fellowship") mit und tritt verstärkt in den Gedankenaustausch mit führenden Reformpädagogen der damaligen Zeit. Entwürfe für eine Sekundarschule, die sie nun vorstellt, und auch neue Akzente für die Gestaltung der Primarschule lassen dies erkennen.[7] 1929 wird die Internationale Montessori Gesellschaft (AMI)

---

[5] Vgl. Montessori, M.: L'autoeducazione nelle Scuole Elementari, Roma 1916. Ins Deutsche übersetzt wurde nur der erste allgemeine Teil: Schule des Kindes – Montessori-Erziehung in der Grundschule, Freiburg 1976. In englischer Übersetzung liegt auch der zweite Teil vor: The Montessori Elementary Material, New York 1917 u.ö.
[6] Vgl. Montessori, M.: Kinder, die in der Kirche leben, Freiburg 1964; Montessori, M.: Gott und das Kind. Kleine Schriften 4, Freiburg 1995.
[7] Vgl. Montessori, M.: Von der Kindheit zur Jugend, Freiburg 1966.

gegründet. Führende Persönlichkeiten der damaligen Zeit gehören ihr als Förderer an. Montessori baut ihre pädagogische Konzeption weiter aus. Sie engagiert sich vor allem in den 30er Jahren immer wieder für eine Erziehung zum Frieden[8] und entwirft im Rahmen bildungstheoretischer Überlegungen Konzept und Realisierungsformen einer „Kosmischen Erziehung".[9] 1936 muß sie wegen des Spanischen Bürgerkrieges aus Barcelona fliehen und läßt sich in Holland nieder. Durch Kriegsumstände bedingt, hält sie sich während des Zweiten Weltkriegs in Indien auf. Wichtige Teile ihres Spätwerkes entstehen dort.[10] Schon 1946 führt sie in London wieder einen internationalen Ausbildungskurs durch. Auch nach ihrer Rückkehr nach Holland ist die fast Achtzigjährige unermüdlich tätig und unternimmt weitere internationale Vortragsreisen. In Nordwijk aan Zee stirbt sie am 6.5.1952, als sie mit ihrem Sohn Mario, der ihr wichtigster Mitarbeiter geworden ist, gerade über eine Reise nach Ghana nachdenkt, um beim Aufbau des dortigen Bildungswesens zu helfen.[11]

Am Ende ihres Lebens hat Montessori häufiger darüber nachgedacht, was ihre eigentliche Lebensleistung darstellt. Dabei hat sie betont, daß es im Grunde falsch sei, diese in der Entwicklung einer neuen Erziehungs*methode* zu sehen. Der Begriff der „Methode", den sie selbst früher für ihre Konzeption gebraucht habe, sei eigentlich zu eng. Es gehe vielmehr um eine umfassende Förderung menschlicher Personalität. „Die menschliche Personalität muß in den Blick genommen werden" – schreibt sie – „und nicht eine Erziehungsmethode: Die Verteidigung des Kindes, die wissenschaftliche Erkenntnis seiner Natur, die Proklamation seiner sozialen Rechte müssen an die Stelle der zerstückelten Weisen, die Erziehung zu konzipieren, treten. Angesichts der Tatsache, daß ‚menschliche Personalität' jedem menschlichen Sein eigen ist und Europäer wie Inder und Chinesen Menschen sind, betrifft und interessiert es ... alle von Menschen bewohnten

---

[8] Vgl. Montessori, M.: Frieden und Erziehung, Freiburg 1973; Montessori, M.: Die Macht der Schwachen. Kleine Schriften 2, Freiburg 1989.
[9] Vgl. Montessori, M.: „Kosmische Erziehung". Kleine Schriften 1, Freiburg 1988.
[10] Vgl. z. B. Montessori, M.: Das kreative Kind – Der absorbierende Geist, Freiburg 1972.
[11] Vgl. Kramer, R., a.a.O., S. 435; zur Biographie Montessoris ferner: Heiland, H.: Maria Montessori – mit Selbstzeugnissen und Bilddokumenten dargestellt, Reinbek bei Hamburg 1991 u.ö.

Länder, wenn wir Lebensbedingungen feststellen können, die die menschliche Personalität fördern."[12]

1.2 Anthropologische Grundlagen

Der Mensch ist für Montessori – so zeigen diese Sätze – ein *personales Wesen*. Diese Personalität des Menschen, die allen Menschen eigen ist, unabhängig von ihrer Rasse, Kultur, Religion oder ihrem Geschlecht, differenziert sich unter zwei Hauptaspekten: der *Individualität* und der *Sozialität*.

Jeder Mensch ist für Montessori ein einmaliges unverwechselbares Individuum. Er ist aber zugleich „von Natur aus ein soziales Wesen" oder – wie sie einmal formuliert – „das soziale Wesen par excellence"[13]. Unter beiden Aspekten muß die Erziehung eine Förderung des jungen Menschen anstreben. Dabei werden die Akzente von Montessori so gesetzt, daß zwar die Förderung *beider* Aspekte von Geburt an eine Rolle spielt, aber bis zum Ende der Kindheit, etwa mit 12 Jahren, die Förderung der Individualität im Vordergrund steht, danach, im Jugendlichenalter, hingegen die der Sozialität, insbesondere in ihrer umfassenden gesellschaftlichen und kosmischen Dimension.

Es ist dabei klar zu erkennen, daß Montessori der *Förderung der Individualität* ein besonderes Gewicht gibt. Denn sie sieht in der Gesellschaft einen Zusammenschluß von Individuen, und die Qualität einer Gesellschaft ist abhängig von der Entfaltung und Qualität der Individualität der einzelnen Menschen, die zu ihr gehören. Höherentwicklung der Gesellschaft ist daher nur möglich durch Höherentwicklung der einzelnen Menschen mit ihren individuellen Begabungen. Umgekehrt ist eine Höherentwicklung der Individualität auch abhängig von der Höherentwicklung der Gesellschaft. So gibt es etwa gesellschaftliche Strukturen, welche eine angemessene Entfaltung individueller Möglichkeiten behindern. Führungsglied in dieser dynamisch-dialektischen Entwicklung ist indessen die Individualität und deren Förderung. Eine volle Entfaltung der jeweiligen

---

[12] Montessori, M.: Über die Bildung des Menschen, Freiburg 1966, S. 16 (= Montessori, M.: Dem Leben helfen. Kleine Schriften 3, Freiburg 1992, S. 121).
[13] Montessori, M.: Frieden und Erziehung, Freiburg 1973, S. 15.

Individualität allein genügt allerdings nicht. Der Mensch soll sich vielmehr mit seiner entfalteten Individualität im Rahmen einer solidarischen Moral in den Dienst der Gesellschaft stellen.

Der Mensch ist für Montessori im Unterschied zum Tier in seinem Verhalten nicht festgelegt, sondern besitzt eine nahezu unbegrenzte Anpassungsfähigkeit und Weltoffenheit. Es gibt „für den Menschen keine Prästabilisierung"[14]. Vorgegeben sind lediglich „Potentialitäten". Der Mensch – so könnte man formulieren – ist zunächst lediglich ein Möglichkeitenkomplex. So besitzt er zum Beispiel eine grundlegende Potentialität für Sprache. Aber es gibt unendlich viele Formen, in denen dieses Sprachvermögen konkrete Gestalt annehmen kann. Entsprechendes gilt für Religion oder auch für den mathematischen Geist oder für die Fähigkeit, zwischen Gut und Böse unterscheiden zu können und zu müssen. Montessori benutzt für solche Potentialitäten auch den Ausdruck „Nebule". Postnatale Embryonalzeit und lange Kindheit sind nach Montessori Ausdruck dieser Sonderstellung des Menschen.

Allerdings gibt es bereits in diesem offenen Dispositionsgefüge individuelle Unterschiede, die uns aber zunächst verborgen bleiben und erst in der weiteren Entwicklung des Menschen in Erscheinung treten. Montessori gebraucht für die geistige Entwicklung des Menschen auch das Bild des geistigen oder psychischen Embryos und spricht von einem „inneren Bauplan", der diese Entwicklung leitet. Gleichwohl lehnt sie eine Deutung dieses Geschehens als eines bloßen Reifungsprozesses in Analogie zur körperlichen Entwicklung als „zu biologisch" ab.[15] Der Mensch entfaltet sich nicht wie eine Pflanze, etwa wie eine Blume, die das Programm ihrer Entwicklung vollständig in sich enthält.

Denn der Mensch ist von Natur aus ein Kulturwesen. Er ist ein kulturabhängiges und kulturschaffendes Wesen. Er ist zudem ein Wesen, das nicht fertig zur Welt kommt, sondern sich in aktiver Auseinandersetzung mit seiner natürlichen, sozialen und kulturellen Umwelt selber aufbauen muß. Insofern ist das Kind der „Baumeister des Menschen". Zu seiner natürlichen Ausstattung gehört ein Tätigkeitsdrang, der ihn dazu antreibt, diese Auseinandersetzung mit seiner Umwelt und den Aufbau seiner geistigen Strukturen voranzubringen. Der junge Mensch braucht dazu in einer komplex

---

[14] Montessori, M.: Das kreative Kind – der absorbierende Geist, Freiburg 1972, S. 90.
[15] Ebd., S. 87.

gewordenen Welt mehr denn je zuvor erzieherische Hilfe. Für Montessori ist dieser Mensch – wie man in Anlehnung an Pestalozzi *zusammenfassend* formulieren könnte – Werk der Natur, Werk des Menschen und Werk seiner selbst. Erst das Zusammen dieser drei Perspektiven, die sich nie völlig zur Deckung bringen oder auflösen lassen, eröffnet einen angemessenen Blick auf die Entwicklung des Menschen.

Montessori differenziert zwischen einem allgemeinen Rahmen der Entwicklung und dessen Ausgestaltung durch die Individualität jedes Kindes. Einerseits gilt für Montessori zwar das Geheimnis der Individualität des Kindes. Andererseits aber formuliert sie auch im selben Zusammenhang „die Gleichheit aller Kinder auf dieser Welt": „Alle Kinder sind von Geburt an gleich. Sie entwickeln sich alle auf die gleiche Weise und folgen den gleichen Gesetzen."[16] Diese allgemeinen Gesetzmäßigkeiten kindlicher Entwicklung lassen sich durch Beobachtung frei arbeitender Kinder wissenschaftlich erforschen. Dazu gehört zum Beispiel, daß sich die Entwicklung des jungen Menschen in Stufen vollzieht, die in ihrer zeitlichen Dimension durch Altersangaben grob gekennzeichnet werden können, inhaltlich aber durch besondere Empfänglichkeiten zum Erwerb bestimmter Fähigkeiten oder Fertigkeiten ein besonderes Profil gewinnen. Montessori spricht hier von „sensiblen Phasen". Das kleine Kind unter drei Jahren verfügt zudem über eine besondere Geistesform, die Montessori als „absorbierenden Geist" bezeichnet. Sie befähigt das kleine Kind zu einer ganzheitlichen Aufnahme von Welteindrücken, wie sie dem Menschen später nicht mehr zur Verfügung steht. Man denke etwa an den Erwerb der Sprache. Solche Vorgegebenheiten sind allerdings nicht starr, sondern verändern sich ihrerseits im Laufe der Entwicklung des jungen Menschen, und sie können sich auch nur verwirklichen „durch ein freies Handeln in der Umwelt"[17]. In den Beiträgen dieses Buches wird darauf in verschiedenen Perspektiven näher eingegangen werden.

Mit welchen individuellen Möglichkeiten dieser allgemein geltende Entwicklungsrahmen ausgefüllt wird, können wir zunächst nicht erkennen. Es muß daher darauf ankommen, dem jungen Menschen in dieser Periode seiner Entwicklung eine umfassende Förderung ge-

---

[16] Ebd., S. 68.
[17] Ebd., S. 89.

mäß den erkennbaren allgemeinen Entwicklungsstrukturen zuteil werden zu lassen, ihm aber andererseits so viel Freiheitsspielraum zu geben, daß er gemäß den in ihm wirksamen, aber nicht unmittelbar erkennbaren individuellen Impulsen sich entfalten kann. Das pädagogische Ergebnis dieser Überlegungen ist das Konzept der „vorbereiteten Umgebung", die dem Kind gemäß den Besonderheiten seiner jeweiligen Entwicklungsstufen und den gesellschaftlichen und kulturellen Rahmenbedingungen geschaffen werden muß.

Für die hier skizzierten anthropologischen Auffassungen beruft sich Montessori in erster Linie auf wissenschaftliche Erkenntnisse ihrer Zeit und ihre eigenen empirisch orientierten Versuche und Beobachtungen, die sie in ihrer frühen Zeit an Kindern vor allem in Europa, später auch in außereuropäischen Ländern und Kulturen gemacht hat. Auch wenn es sich nicht um streng empirische Untersuchungen gemäß den heutigen Standards empirisch-analytischer Vorgehensweise handelt, zumal Montessori seit 1907 zunehmend zu allgemeineren phänomenologisch orientierten Analysen übergegangen ist, so bewegt sie sich hierbei doch in einem wissenschaftlichen Rahmen.

Von früh an finden wir indessen bei Montessori daneben auch eine andere Ebene ihres Denkens. Es handelt sich um die religiöse Dimension, mit der sie ihrem Menschenbild und ihrer Erziehungskonzeption eine letzte die Wissenschaft übersteigende Fundierung und Ausrichtung zu geben versucht. Die letzte Begründung für Montessoris Hochschätzung menschlicher Individualität etwa ist die Tatsache, daß der Mensch nicht nur Exemplar der Gattung ist, auch nicht nur Kunstwerk der Natur, sondern einmaliges Geschöpf Gottes, der jeden bei seinem Namen gerufen hat. Die Kräfte, die im Kind wirksam sind, sind für Montessori letztlich göttliche Kräfte. Dem jungen Menschen bei seiner je individuellen Entwicklung zu helfen, ist letztlich eine Form der Mitarbeit am göttlichen Schöpfungswerk.[18]

---

[18] Vgl. Montessori, M.: Gott und das Kind. Kleine Schriften 4, Freiburg 1995.

1.3 Analyse der Zeit: die Menschheit an einer schicksalhaften Wende

Montessori entwickelt ihre anthropologischen und pädagogischen Überlegungen im Rahmen einer umfassenden Zeitanalyse, die sie in ihrem Spätwerk seit den 30er Jahren differenzierter entfaltet. Es scheint sich bei unserer Zeit um eine entscheidende Epoche in der Menschheitsgeschichte zu handeln. Maria Montessori drückt das in den 30er Jahren im Rahmen ihrer Vorträge zum Themenkreis Frieden und Erziehung einmal so aus: „So sieht die Wirklichkeit unserer Zeit aus: ... Wir befinden uns in einer Krisis, zwischen einer alten Welt, die zu Ende geht, und einer neuen Welt, die schon begonnen hat und die alle ihre konstruktiven Elemente zu erkennen gegeben hat. Die Krisis, die wir durchschreiten, zeigt nicht den Übergang von einem Zeitalter in das andere an, sie kann nur mit einer der biologischen oder geologischen Epochen verglichen werden, in der neue, größere und vollkommenere Wesen erscheinen, während auf der Erde nie vorher dagewesene Lebensbedingungen Wirklichkeit wurden."[19] Diese Auffassung Montessoris hat durch die weitere Entwicklung der Menschheit noch an Berechtigung gewonnen. Wir leben in einer Krisen- und Wendezeit. Es deuten sich Entwicklungen in die Zukunft hinein an, von denen aber niemand mit Sicherheit sagen kann, wohin sie letztendlich führen werden.

Aber mehr noch: Es ist eine Situation in der Menschheitsgeschichte entstanden, wie es sie vorher noch nie gegeben hat. Denn erstmals in seiner Geschichte hat der Mensch durch die technische Entwicklung die Fähigkeit erworben, sich selber als Gattung auszurotten. Wenn der Mensch sich nicht besinnt und die Krisenbedeutung der Zeit nicht angemessen erfaßt, droht – wie Montessori im gleichen Kontext ausführt – „eine universale Katastrophe". „Wenn die Sternenenergien vom zweidimensionalen und unwissenden Menschen zur Zerstörung seiner selbst benutzt werden, wird ihm dieses Vorhaben schnell gelingen. Denn die Energien, über die er verfügt, sind unermeßlich; und sie sind allen in jedem Augenblick und an jedem Ort zugänglich."[20] Wenige Jahre später hat Montessori eine solche Entfesselung ungeheurer Energien zur Vernichtung von

---

[19] Montessori, M.: Frieden und Erziehung, Freiburg 1973, S. 24 (= Montessori, M.: Die Macht der Schwachen. Kleine Schriften 2, Freiburg 1989, S. 41).
[20] Ebd., S. 24f. (S. 41).

Menschen in Gestalt der Atombomben, die auf Hiroshima und Nagasaki geworfen wurden, noch selbst erleben können und müssen. Montessori sieht nicht nur Gefahren voraus, wie sie in der atomaren Bedrohung zum Ausdruck kommen, sondern denkt auch an die Entwicklungsmöglichkeiten für furchtbare biologische Waffen: „Wenn der Mensch, der das Geheimnis der Pest besitzt und deren unsichtbare Faktoren in den Händen hat, die er bis ins Unendliche kultivieren und multiplizieren kann, das, was eine erhabene Errungenschaft zur Rettung war, benutzt, um Unheil und Epidemien zur Vergiftung der Welt auszustreuen, wird ihm das ein Leichtes sein."[21] Wir wissen heute – wenn wir zum Beispiel an die zahlreichen Formen zur bakteriellen Verseuchung oder auch die Möglichkeiten zur Genmanipulation denken –, daß der Mensch inzwischen noch viel weitergehende Möglichkeiten entwickelt hat, als Montessori sie damals erahnen konnte. Aber an der Grundstruktur der Lebenssituation des Menschen hat sich dadurch nichts geändert.

Die Bedrohungen unserer Zeit sind vielmehr heute noch vielfältiger, aber der Menschheit auch bewußter geworden. So hat sich seit den 70er Jahren und den Berichten des „Club of Rome" in der Öffentlichkeit das Bewußtsein geschärft, daß wir in unserer wissenschaftlich-technischen Entwicklung nicht einfach weiter voranschreiten können, ohne dabei Rücksicht zu nehmen auf die Bewahrung der natürlichen Ressourcen, von denen wir leben. Die Menschheit ist dabei – so ist uns heute zunehmend deutlich geworden –, die Lebensgrundlagen ihrer eigenen Existenz durch rücksichtslose Ausbeutung der Ressourcen des Planeten Erde und Verseuchung der Umwelt durch ungehemmte technische Entwicklung zu zerstören.

Auch dieser Aspekt der Krisensituation unserer Zeit war Montessori wohlbekannt. Sie gehörte zu dem kleinen Kreis von Fachleuten, denen schon lange vor der ökologischen Wende des öffentlichen Bewußtseins seit Beginn der 70er Jahre der Begriff der Ökologie und die ökologische Denkweise vertraut waren. Nach Montessori muß der Mensch lernen, die bestehenden natürlichen Gleichgewichte nicht zu zerstören. „Heute weiß zum Beispiel jeder" – meint sie im Jahr 1937 bei einem Vortrag in Kopenhagen (der Entwicklung des Bewußtseins sicher weit vorausgreifend!) –, „daß das Aussterben einer Tierart an einem bestimmten Ort die Harmonie stört, denn, ich

---

[21] Ebd., S. 25 (S. 45f.).

wiederhole, das Leben des einen steht in Beziehung zum Leben des anderen."[22]

Montessori fordert den Menschen dazu auf, sein Verhältnis zur Natur neu zu gestalten. Allerdings denkt sie dabei nicht einfach an ein Aussteigen aus der neuzeitlichen, von Wissenschaft und Fortschritt gekennzeichneten Entwicklung. Es kann kein einfaches „Zurück zur Natur" geben. Der Mensch hat nämlich mit Hilfe von Wissenschaft und Technik sehr viel humanere Lebensmöglichkeiten geschaffen, als es sie früher gab, und das für eine große Zahl von Menschen. Es muß darum gehen, diese humanen Potenzen der Menschheitsentwicklung weiterzuentwickeln und zu fördern und sie *allen* zugänglich zu machen. „Die Zeit ist vorbei, da irgendwelche Rassen oder Nationen zivilisiert sein können und andere dabei in Knechtschaft und Unwissenheit belassen."[23]

Die Menschheit kann nicht mehr ohne die von ihr entwickelte „Super-Natur" leben. Ihr weiterer Ausbau im Sinne eines humaneren Lebens für alle ist vielmehr für Montessori eine zwingende Notwendigkeit. Allerdings muß diese Entwicklung vollzogen werden unter Bewahrung der Schöpfung und rückbezogen werden auf Vorgegebenheiten der Natur. „Die weise Natur" – so drückt Montessori es aus – „muß die Grundlage bilden, auf der eine noch vollkommenere Supra-Natur erbaut werden kann. Es ist sicher, daß der Fortschritt über die Natur hinausgehen und andere Formen annehmen muß; aber er kann nicht erfolgen, wenn man die Natur mit Füßen tritt."[24]

Montessori weiß sehr wohl, daß es in der Menschheitsentwicklung nicht nur Positives gibt, sondern trotz deren Großartigkeit, die sie immer wieder betont, auch gewaltige Fehler unterlaufen sind. Dazu gehört etwa die ungerechte Verteilung der Reichtümer und der politischen Macht auf dieser Erde. Ökonomische und politische Reformen, die sich an den Prinzipien der Gerechtigkeit und Liebe orientieren, sind deshalb auch für Montessori unausweichlich. Aber für sie genügen sie nicht. „Wir müssen die Menschen auf die neue Welt vorbereiten, die sich spontan rings um uns aufbaut wie ein Evolutionsphänomen; wir müssen sie des neuen Lebens bewußt

---

[22] Ebd., S. 108 (S. 87f.).
[23] Montessori, M.: „Kosmische Erziehung". Kleine Schriften 1, Freiburg 1988, S. 108.
[24] Montessori, M.: Über die Bildung des Menschen, Freiburg 1966, S. 93 (= Montessori, M.: Dem Leben helfen. Kleine Schriften 3, Freiburg 1992, S. 151).

machen, das anhebt, damit sie für ein neues Dasein arbeiten können."[25] Dies kann nach Montessori nur mit Hilfe einer neuen Erziehung geschehen. Man darf die menschlichen Kräfte ihrer Ansicht
nach nicht mehr primär auf „das Vorantreiben des materiellen Fortschritts" richten, sondern „alle Anstrengungen (müssen) auf die Bildung des inneren Menschen ausgerichtet sein"[26]. Montessori hat eine
solche umfassende Neuorientierung einer auf die Signaturen der
Zeit bezogenen Erziehung in ihrer Pädagogik entworfen.

1.4 Pädagogische Grundgedanken Montessoris in aktueller Perspektive

Geht man mit der italienischen Pädagogin von der anthropologischen Grundannahme aus, daß das Kind von Geburt an ein zu Ei-
genaktivität und Spontaneität fähiges Wesen ist, dem die Aufgabe
des schrittweisen Selbstaufbaus zur mündigen Persönlichkeit obliegt, so kann Erziehung von Anfang an nur verstanden werden als
Hilfe zur Selbsthilfe. „Hilf mir, es allein zu tun." Diese Worte eines
Kindes an Montessori bringen dieses Grundverständnis von Erziehung auf eine einfache Formel. Ihm gemäß können auch Familie,
Kindergarten und Schule nur als organisatorische Hilfestellung für
den Weg des jungen Menschen zu seiner Mündigkeit verstanden
werden und als Vorbereitungsstätte für seine weltgestaltenden Aufgaben.

Wie dies im einzelnen konkret im Sinne Montessoris geschehen
kann, verdeutlichen die Beiträge in diesem Buch. Ich beschränke
mich darauf, einige Gesichtspunkte unter dem Aspekt ihrer Aktua-
lität in der heutigen Zeit hervorzuheben.

Lernen heute muß individualisiertes Lernen sein

Besonders häufig wird als Kennzeichen unserer Zeit die Pluralisierung der Lebensformen und die damit verknüpfte Individualisie-

---

[25] Montessori, M.: Frieden und Erziehung, Freiburg 1973, S. 25 (= Montessori, M.:
Die Macht der Schwachen. Kleine Schriften 2, Freiburg 1989, S. 42).
[26] Ebd., S. 55.

rung genannt. Kinder heute wachsen in ganz unterschiedlichen familiären und sozialen Lebensformen auf. Eine große Verschiedenartigkeit (Heterogenität) ihrer Entwicklungs- und Lernvoraussetzungen ist die unausweichliche Folge. Verstärkt wird dieses Phänomen der Heterogenität bei deutschen Kindern noch durch die vielen Kinder anderer kultureller Herkunft, welche heute unsere Kindergärten und Schulen besuchen. Ferner versucht man in zunehmendem Maße, auch behinderte Kinder in die Regeleinrichtungen einzugliedern und am gemeinsamen Lern- und Erziehungsprozeß teilnehmen zu lassen. Daß dies ein weiterer Beitrag zur Verstärkung einer heterogenen Erziehungs- und Lernsituation ist, leuchtet ohne weiteres ein.

Wie läßt sich diese Entwicklung beurteilen? Wie kann man ihr pädagogisch und didaktisch Rechnung tragen? Zunächst muß man sich von einem Denken freimachen, das bei uns noch immer stark ausgeprägt ist. Viele sind nämlich der Meinung, daß Gleichartigkeit einer Gruppe didaktisch und pädagogisch erwünscht sei, weil sich dann Lern- und Erziehungsprozesse einfacher und erfolgreicher gestalten ließen. Wenn alle Kinder in etwa gleiche Voraussetzungen haben, so meint man, kann man Erziehung und Unterricht gezielt auf diese Voraussetzungen beziehen und so effektiv gestalten. Dies gilt freilich nur unter der Annahme, daß Unterricht so beschaffen sein müsse, daß in ihm alle Kinder zu gleicher Zeit das gleiche lernen. In Wirklichkeit sind jedoch Erziehung und Bildung ein im Wesen individueller Vorgang, dem durch Voranschreiten aller im Gleichschritt nicht angemessen Rechnung getragen werden kann.

Maria Montessori und andere Reformpädagogen sind von der Annahme ausgegangen, daß Heterogenität, also die Verschiedenartigkeit einer Gruppe, erzieherisch und didaktisch wertvoller sei als Homogenität, also Gleichartigkeit. Sie haben daher versucht, diese Heterogenität nicht abzubauen, sondern sie sogar noch zu verstärken, zugleich aber auch pädagogisch fruchtbar werden zu lassen. So hat Maria Montessori bewußt das Prinzip der Altersmischung in ihren Gruppen realisiert, das unter der Bezeichnung „family grouping" auch im angelsächsischen Bereich heute großen Anklang findet. Im Kindergarten ist es uns heute geläufig. Aber es soll auch für die Schule gelten. Natürlich bedarf es dann auch anderer Unterrichtsformen als des direkt vom Lehrer gesteuerten Frontalunterrichts, wie ihn die meisten aus ihrer eigenen Schulerfahrung kennen. Maria Montessori hat hierfür die Form der Freiarbeit entwik-kelt.[27]

Freiarbeit im Sinne Montessoris kann als eine Unterrichtsform bezeichnet werden, in welcher der Schüler aus einem differenzierten Lernangebot den Gegenstand seiner Tätigkeit, die Ziele, die Sozial-form sowie die Zeit, die er auf den gewählten Aufgabenbereich ver-wenden will, im Rahmen allgemeiner Vorstrukturierungen selbst be-stimmen kann. Für den Ablauf der selbstgewählten Arbeit gilt, daß der Schüler sich frei im Raum bewegen und auch Kontakte mit Mit-schülern aufnehmen darf, etwa um ihnen zu helfen oder sich helfen zu lassen, sofern und soweit die Arbeit der anderen Schüler dadurch nicht gestört wird. Mit der Wahl der Arbeit ist die Verpflichtung verbunden, sie möglichst auch zu Ende zu führen. Kontrollen des Arbeitserfolgs bieten entweder die Arbeitsmittel selbst (Fehlerkon-trolle) oder Mitschüler und Lehrer übernehmen diese Funktion.

In ihrer Vollform bietet Montessori-Freiarbeit den Schülern die Möglichkeit, innerhalb einer differenziert gestalteten „vorbereiteten Umgebung" Inhalte aus den verschiedensten Fachbereichen zu erar-beiten oder zu üben. Montessori hat hierfür reichhaltiges didakti-sches Material entwickelt und empirisch erprobt. Von Montessori-Pädagogen wird dieses Material unter Beachtung grundlegender Prinzipien der italienischen Pädagogin seit jeher ergänzt und erwei-tert. Montessori selbst hat sich zeitlebens um den Ausbau ihrer Ma-terialien bemüht. Das Ausmaß der Freiarbeit umfaßt an Montessori-Grundschulen bis zu 15 Wochenstunden. Die einzelnen Freiarbeits-phasen dauern oft bis zu zweieinhalb Zeitstunden. Häufig wird Freiarbeit zu Beginn des Unterrichtsvormittags im Zusammenhang mit einer flexiblen Eingangsphase angesetzt.

Das Kind lernt in der Freiarbeit durch selbstorganisiertes Tun. Es kann sich mit seinen individuellen Lernfähigkeiten und -formen und seinen besonderen Interessen in großem Umfang selbst in den Lern-prozeß einbringen. Wichtig ist dabei, daß jedes Kind in dem ihm gemäßen Arbeitstempo und Lernrhythmus voranschreiten kann. Er wird nicht durch die auf einen imaginären Durchschnittsschüler ab-gestimmte Vorgehensweise eines lehrergesteuerten Klassenunter-richts über- oder unterfordert. Auch dem Wiederholungsbedürfnis

---

[27] Vgl. dazu Ludwig, H.: Montessori-Freiarbeit mit Ausländerkindern konkret, in: Sachunterricht und Mathematik in der Primarstufe 14 (1986), S. 385–392; Ludwig, H.: Freiarbeit im Grundschulunterricht, in: Montessori – Zeitschrift für Montes-sori-Pädagogik 31 (1993), S. 4–23.

vor allem jüngerer oder lernschwacher Kinder wird angemessen Rechnung getragen. Denn wie lange sich ein Kind mit einem Lerngegenstand auseinandersetzt, entscheidet es selbst. Es hat damit die Möglichkeit, in Ruhe bei einem Gegenstand verweilen zu können. Das meditative Element des Bildungsprozesses – heute weitgehend vernachlässigt – spielt für Montessori eine große Rolle. Die Pole von Aktivität und Kontemplation werden in ihrer Pädagogik zu einer spannungsreichen Synthese vereint.

Ein Effekt der Freiarbeitsstruktur besteht auch in der gegenüber dem üblichen Klassenunterricht größeren Freisetzung des Lehrers zu individueller Hilfe. Er erhält Spielraum, sich den Kindern besonders intensiv zuzuwenden, die darauf vor allem angewiesen sind, ohne daß dadurch Lernfortschritte leistungsstärkerer Schüler unangemessen behindert werden. Die größeren Möglichkeiten, Kinder zu beobachten, erlauben es ihm auch, solche Hilfen gezielter anzusetzen. Schließlich erhält er auch die Gelegenheit, in stärkerem Maße persönliche Beziehungen zu den einzelnen Kindern aufzubauen, was für alle Erziehungs- und Bildungsarbeit unverzichtbar erscheint.

Erziehen heute muß auf Förderung der Entscheidungs- und Bindungsfähigkeit gerichtet sein

Pluralisierung bezieht sich heute nicht nur auf äußere Lebensformen, sondern auch auf die sie tragenden Wertvorstellungen. Kinder heute werden in einem Ausmaß mit unterschiedlichen, ja widersprüchlichen Wertvorstellungen konfrontiert, nicht zuletzt durch das Fernsehen, das sie in jedes Kinderzimmer trägt, wie man sich das früher nicht hätte vorstellen können. Die Folge können Orientierungslosigkeit und Wertrelativismus sein. In einer solchen Situation bedarf es einer Erziehung, die dem Kind zur Entscheidungs- und Bindungsfähigkeit verhilft. Der junge Mensch muß sehr viel mehr als früher lernen, zwischen gegensätzlichen Wertvorstellungen, Anschauungen, Lebensformen begründet Entscheidungen zu treffen und sich an selbst gewählte Zielsetzungen zu binden. Wir wissen alle, daß diese Bindungsfähigkeit des heutigen Menschen sehr abgenommen hat. Erziehung in Familie und Schule muß deshalb diesem Defizit entgegenzuwirken versuchen.

Hier liegt eine pädagogische Chance der Freiarbeit. In der Freiarbeit lernt das Kind, eigenständig Entscheidungen zu treffen und sie auch durchzuhalten, wenn nicht triftige Gründe dem entgegenstehen. Man sollte nicht vergessen, daß auch der Freizeitbereich in hohem Maße diese Fähigkeit erfordert, aus einem Angebot von Möglichkeiten begründet auszuwählen und bewußte Entscheidungen zu treffen, wenn man sich nicht ungeschützt und ungewollt den Einflüssen einer Freizeitindustrie aussetzen will.

Lernen heute bedarf der Förderung intrinsischer Motivation

Es ist unter Didaktikern unbestritten, daß es darauf ankommen muß, für Lern- und Bildungsvorgänge eine intrinsische Motivation zu fördern, d. h., junge Menschen aus Interesse an der Sache lernen zu lassen. Ebenso unbestritten ist jedoch, daß es heute schwieriger denn je zu sein scheint, ein so motiviertes Lernen didaktisch anzuregen.

Durch die Freiarbeit wird dieses zentrale Problem schulischen Lernens hervorragend gelöst, wie neuere Untersuchungen wiederholt bestätigt haben.[28] Die Kinder arbeiten an den Aufgaben, zu denen sie sich selbst entschieden haben, mit sichtlicher Freude und großer Ausdauer. Es ist motivations- und lernpsychologisch ferner besonders wichtig, auf die *Passung von Aufgabenschwierigkeiten und Leistungsfähigkeit* zu achten, was durch die Struktur der Freiarbeit sehr erleichtert wird. Dazu trägt auch bei, daß das Material Montessoris gemäß ihrem Prinzip der Analyse komplexer Lernprozesse *elementarisiert* und nach dem Grundsatz der kleinen Lernschritte aufgebaut ist. Motivationsfördernd wirkt ferner die *unmittelbare Rückmeldung* über den Erfolg des Lernens durch die in vielen Materialien eingebaute Fehlerkontrolle.

Als besonders bedrohlich für die Leistungs- und Lernmotivation vor allem der lernschwächeren Schüler erweist sich die übliche Form der Leistungsbewertung mit Hilfe eines groben Zensurenschemas, dessen Maßstäbe stark an einem Vergleich der Schüler untereinander orientiert sind. In der Montessori-Freiarbeit erfolgt die notwendige *Leistungsorientierung* weniger mit Hilfe sozialer Vergleichsprozesse, obwohl auch diese eine Rolle spielen, als vielmehr

---

[28] Vgl. z. B. Fähmel, I.: Zur Struktur schulischen Unterrichts nach Maria Montessori, Frankfurt – Bern 1981; Fischer, R.: Lernen im non-direktiven Unterricht, Frankfurt – Bern 1982.

an der Sache selbst und am individuellen Lernfortschritt. Die mit dem Material selbst verbundene Fehlerkontrolle ermöglicht dem Schüler eine unmittelbare Einschätzung seines Könnens und entspricht strukturell einer lernzielorientierten Bewertung. Zum anderen wird die Aufmerksamkeit des Schülers in erster Linie auf die eigenen Lernfortschritte gelenkt, da ja die Mitschüler durchweg mit anderen Materialien arbeiten und infolge unterschiedlicher Interessen und Leistungsstände andere Schwerpunkte ihrer Aktivitäten setzen.

Individualisiertes Lernen muß sich mit Sozialerziehung und sozialer Integration verbinden

Die veränderte Familiensituation, in der viele Kinder als Einzelkinder aufwachsen und keine hinreichende Gelegenheit mehr haben, soziale Erfahrungen mit Geschwistern oder Nachbarkindern zu machen, fordert von unseren Bildungseinrichtungen in höherem Maße als früher ein sozialerzieherisches Engagement.

Verhängnisvoll wäre es im Hinblick auf diese sozialintegrative und sozialerzieherische Zielsetzung von Kindergarten und Schule, wenn diese durch die Individualisierung im Rahmen der Freiarbeit beeinträchtigt würde. Dies ist jedoch keineswegs der Fall. Im Gegenteil: Konzentriertes Arbeiten des Kindes wirkt sich positiv auf seine Gesamtpersönlichkeit aus, auch auf deren emotionale und ethisch-soziale Dimension. „Das Ergebnis der Konzentration ist das Erwachen des sozialen Gefühls"[29], formuliert Montessori einmal. Annahme des eigenen Ich, Identität, Erfahren der eigenen Individualität und daraus resultierendes Selbstwertgefühl stellen Grundvoraussetzungen auch für soziales Verhalten dar.

Die Begrenzung des Materials führt die Kinder zu Rücksichtnahme, Einfühlungsvermögen und Geduld. Die Altersmischung der Gruppen begünstigt die Entwicklung der Fähigkeit zur Rollendistanz und fördert allgemein die moralische Entwicklung. Es kommt zu einem natürlichen Helfersystem unter den Kindern. Wechselnde Sozialformen wie Einzel-, Partner- und Gruppenarbeit ermöglichen das Einüben unterschiedlicher sozialer Beziehungen, erleichtert auch durch die Prinzipien der freien Bewegung und der offenen Tü-

---

[29] Montessori, M.: Das kreative Kind – Der absorbierende Geist, Freiburg 1972, S. 246.

ren. Die positive sozialerzieherische und sozialintegrative Auswirkung der Freiarbeit ist durch Untersuchungen aus jüngster Zeit gut belegt.[30] Man kann sagen, daß die Struktur der Freiarbeit erst die Voraussetzungen für eine intensive Kooperation zwischen den Kindern schafft.

Der Münchner Modellversuch von Prof. Dr. Theodor Hellbrügge zur Integration behinderter und nichtbehinderter Kinder hat diese sozialintegrative Wirkung der Montessori-Pädagogik besonders deutlich gemacht.[31] Hieran wird zugleich nachgewiesen, daß im Rahmen von Montessori-Freiarbeit eine weitere Problematik gelöst werden kann, die im Zusammenhang von gemeinsamer Unterrichtung von Kindern verschiedener Leistungsstärke oft diskutiert wird: die Befürchtung negativer Folgewirkung für die leistungsfähigeren Kinder. Man kann vielmehr darauf hinweisen, daß auch die Förderung Hochbegabter – ein heute wieder viel diskutiertes Problem – im Rahmen einer solchen flexiblen Unterrichtsstruktur, wie sie die Montessori-Freiarbeit bietet, möglich erscheint.[32]

Lernen heute muß die Sinne und das selbständige Tun stärker einbeziehen

Kinder heute leben in einer immer mehr von elektronischen Medien bestimmten Welt. Diese wenden sich primär an den Gesichtssinn und den Gehörsinn. Es droht eine einseitige Inanspruchnahme dieser Sinne und eine Verkümmerung der übrigen. Kindergarten und Schule sollten dem entgegenwirken, indem sie ein Lernen mit allen Sinnen fördern. In der Montessori-Pädagogik wird das Kind durch aktiven Umgang mit konkreten, die Sinne vielfältig ansprechenden Materialien gefördert. Die Begriffe werden von der konkreten sinnlichen Erfahrung und dem Tun des Kindes her aufgebaut. Besonders gut läßt sich das am Mathematikmaterial Montessoris illustrieren. Vom Greifen gelangt das Kind zum Begreifen. Wichtig ist dabei nicht nur das Moment der Anschauung, sondern – wie der Entwick-

---

[30] Vgl. Anmerkung 28.
[31] Vgl. Hellbrügge, Th.: Unser Montessori-Modell, München 1977.
[32] Vgl. hierzu Ludwig, H.: Jedes Kind ist anders – Montessori-Pädagogik und die Förderung individueller Begabungen, in: Montessori-Zeitschrift für Montessori-Pädagogik 34 (1996), S. 87–103; Mönks, F.J./Ypenburg, I.H.: Unser Kind ist hochbegabt – Ein Leitfaden für Eltern und Lehrer, München – Basel 1993.

lungspsychologe Jean Piaget in seinen Forschungen deutlich gemacht hat – das konkrete Operieren, das aktive Tun.

Erziehen heute muß die Erfahrung von Stille ermöglichen

Es bedarf keiner weit ausholenden Ausführungen, um klar zu machen, daß Kinder heute in einer von Lärm und Hektik geprägten Welt aufwachsen. Dies gilt – wenngleich in vermindertem Ausmaß – auch vom ländlichen Bereich. In jedes Haus tragen die modernen Medien heute ein vielfältiges Angebot an Fernsehprogrammen. Die Struktur dieses Mediums mit seinen sich jagenden Bildern ist wenig geeignet, zu Muße und Besinnung anzuregen.

Maria Montessori hat die Bedeutung der Stille für den jungen Menschen, ja für den Menschen überhaupt deutlich erkannt. Sie versucht in ihre Pädagogik neben den Aktivitätselementen auch das kontemplative Element miteinzubeziehen. Die derzeitige Diskussion in der Grundschulpädagogik um eine Erziehung zur Stille ist wesentlich auch durch Anregungen Montessoris gekennzeichnet. Natürlich sollte man nicht bei den von Montessori selbst entwickelten Stilleübungen stehenbleiben, sondern – wenn auch durchaus kritisch und orientiert an den Prinzipien Montessoris – das Repertoire der Montessori-Schulen in diesem Bereich auch erweitern.

Lernen und Erziehen heute sind mit einer stärkeren Öffnung der Schule zu verbinden

Für die Schule der Zukunft wird vielfach gefordert, daß sie sich stärker als früher für das sie umgebende Umfeld öffnen soll. Eine bessere Verbindung von Lernen und Leben soll damit geschaffen werden.

Davon scheinen Montessori-Einrichtungen auf den ersten Blick weit entfernt zu sein. Ist es für sie nicht kennzeichnend, daß sie Freispiel und Freiarbeit in ihren Mittelpunkt stellen und diese sich fast ausschließlich als freier Umgang mit entwicklungsfördernden und didaktischen Materialien vollziehen? Montessori hat hier indessen differenzierter gedacht.

In ihrer Schrift „Von der Kindheit zur Jugend" sagt sie unmißverständlich: „Die von der Welt abgeschlossene Schule, so wie sie heute verstanden wird, kann dem Kind nicht genügen."[33] Sie fordert dazu

---

[33] Montessori, M.: Von der Kindheit zur Jugend, Freiburg 1966, S. 27.

auf, die Schule des öfteren zu verlassen und das Umfeld der Schule als Lernfeld zu nutzen. Es soll zu originalen Begegnungen mit Natur und Kultur kommen. „Veranlassen wir das Kind zu wandern, zeigen wir ihm die Dinge in ihrer Wirklichkeit, anstatt Gegenstände anzufertigen, die Begriffe darstellen, und sie in einen Schrank einzuschließen." Wenig später heißt es: „Offensichtlich bringen vor allem der Besitz realer Dinge und ein wirklicher Kontakt mit ihnen ein wirkliches Ganzes der Bildung mit sich."[34] Das unmittelbare Erlebnis eines Waldes mit allen Sinnen etwa kann – wie Montessori erläutert – durch kein Medium in der Schule ersetzt werden.

Lernen und Erziehen heute müssen in einer menschheitsbezogenen Perspektive erfolgen

Montessori hat nicht nur Überlegungen zur methodischen Seite von Erziehung und Bildung angestellt, sondern auch deren inhaltliche Neukonzeption reflektiert und entsprechende Vorstellungen entwickelt. Ihren Höhepunkt finden bildungstheoretisch orientierte Lehrplanüberlegungen Montessoris in dem zentralen Programm ihres Spätwerks unter der Bezeichnung „Kosmische Erziehung", das sie aus der oben skizzierten Analyse der Menschheitsentwicklung gewinnt. Montessori fordert die Erstellung eines universalen Lehrplans, „der den Verstand und das Gewissen aller Menschen in einer Harmonie vereinen kann"[35]. Als fundamentales Bildungsprinzip für diesen Lehrplan bezeichnet Montessori „die Wechselbeziehung aller Dinge und ihre Zentrierung in dem kosmischen Plan"[36]. Dieses Prinzip bedeutet, daß der Lehrplan so gestaltet werden soll, daß er die jungen Menschen darin einübt, Zusammenhänge zu erfassen, vernetztes und systemisches Denken zu lernen. Alle Inhalte des Lehrplans sollen nach Auffassung Montessoris zudem in eine Sinnperspektive einrücken, die sie in der Evolution von Natur und Menschheit als „kosmischen Plan" zu finden glaubt.

„Kosmische Erziehung" kann zur zentrierenden Achse der übrigen Schularbeit werden. Anhand der Geschichte der Menschheit kann das Kind z. B. eine Vorstellung davon gewinnen, daß „Sprache, Religion ... und Kunst" „gemeinsame Merkmale aller Menschen"

---

[34] Ebd., S. 44 und 45 (= Montessori, M.: „Kosmische Erziehung", Freiburg 1988, S. 118f.).
[35] Montessori, M.: „Kosmische Erziehung". Kleine Schriften 1, Freiburg 1988, S. 26f.
[36] Ebd., S. 100.

darstellen und Erfindung der Schrift sowie mathematische Leistungen für den Aufbau von Kulturen fundamentale Bedeutung haben.[37] In den damit eröffneten umfassenden Sinnhorizont können dann die von Montessori entwickelten Programme für solche Fachbereiche – insbesondere für Mathematik und Sprache – einrücken. Zugleich wird dem Kind eine interkulturelle Perspektive eröffnet und das Bewußtsein für die grundlegenden Gemeinsamkeiten aller Menschen geweckt. Durch eine interkulturelle Akzentuierung der Inhalte in Fachbereichen wie Sprache und Mathematik – etwa die Einbeziehung von Schriftzeichen und Rechenformen fremder Kulturen – kann dies noch verstärkt werden. Entsprechendes gilt auch für Religion und Kunst.

„Kosmische Erziehung" soll sich nicht auf kognitive Zielsetzungen beschränken. Ihr Ziel ist wesentlich auch die Kultivierung von Gefühlen und die Förderung einer neuen Moral. Gegenüber Natur und Menschheit sollen Gefühle der „Bewunderung und Dankbarkeit", des „Staunens", der „Liebe" und der „Begeisterung" geweckt werden. Es kommt an auf die Pflege „der Gefühle für die Gerechtigkeit und persönliche Würde". Wichtig ist Montessori die Aufgabe, „jenes menschliche Verstehen und jene Solidarität zu entwickeln, die heute so sehr fehlen". Dazu bedarf es auch der Einsicht in die wechselseitige Abhängigkeit aller Menschen und ihre gemeinsame Aufgabe. „Kosmische Erziehung" „soll all das schätzen (lehren), was Frucht menschlicher Zusammenarbeit ist, und ... die Bereitschaft (erbringen), Vorurteile im Interesse der gemeinschaftlichen Arbeit für den kosmischen Plan abzuwerfen ..."[38].

Montessori ist bei solchen allgemeinen Überlegungen nicht stehengeblieben, sondern hat nach Möglichkeiten gesucht, sie für Erziehung und Bildung in Familie, Kindergarten und Schule konkret umzusetzen. Dies macht eine besondere Stärke ihrer Pädagogik aus. Die Beiträge dieses Buches zeigen dies unter vielen Aspekten für unterschiedliche Phasen der Entwicklung junger Menschen auf. Es wird allerdings zugleich deutlich, daß man sich nicht mit einem zur Zeit Montessoris oder auch zu einem späteren Zeitpunkt erreichten Stand der pädagogischen Konzeption und ihrer Realisierung be-

---

[37] Montessori, M.: Von der Kindheit zur Jugend, Freiburg 1966, S. 47 (= Montessori, M.: „Kosmische Erziehung", Freiburg 1988, S. 122).
[38] Montessori, M.: „Kosmische Erziehung". Kleine Schriften 1, Freiburg 1988, S. 93f.

gnügt und auch nicht begnügen kann, sondern vor der Aufgabe einer kreativen Weiterentwicklung der Montessori-Pädagogik im Rahmen ihres Grundansatzes steht. Montessori selbst hat dies so gesehen, wenn sie am Ende ihres Lebens formuliert: „Es ist nicht nötig, daß die Untersuchungsarbeit ganz vollendet wird. Es genügt, die Idee zu verstehen und nach ihren Angaben voranzuschreiten."[39]

---

[39] Montessori, M.: Über die Bildung des Menschen, Freiburg 1966, S. 28 (= Montessori, M.: „Dem Leben helfen", Freiburg 1992, S. 134). Zu dem immer noch wenig bekannten Konzept einer „Kosmischen Erziehung" bei Maria Montessori vgl. neuerdings: Fischer, Reinhard / Klein-Landeck, Michael / Ludwig, Harald (Hrsg.): Die „Kosmische Erziehung" bei Maria Montessori, Münster 1999. Das Buch stellt in zahlreichen Beiträgen Theorie und Praxis dieses hochaktuellen Ansatzes ausführlich und differenziert dar.

2. Die Erziehung des Kindes im frühen Kindesalter

Annette Onken

2.1 Grundlagen der Montessori-Pädagogik im frühen Kindesalter

2.1.1 Maria Montessoris Sichtweisen vom kleinen Kind

Maria Montessori war eine genaue und einfühlsame Beobachterin des Kindes. Jede kindliche Reaktion war für sie von Bedeutung.

Sie zeigte tiefen Respekt vor der Einzigartigkeit eines jeden Kindes, vor seinen ihm eigenen Fähigkeiten, Eigenarten und Entwicklungskräften. Sie forderte, daß jedem Kind die Möglichkeit gegeben werden muß, sich nach seinem eigenen Entwicklungsrhythmus und nach seiner individuellen Wachstumszeit zu entfalten.

Beeindruckt war sie von der unglaublichen Entwicklungsarbeit, die das Kind besonders während der ersten Lebensjahre vollzieht. Sie hatte großes Vertrauen in die Kraft des Kindes, diese Arbeit aus sich heraus, seinen Anlagen gemäß zu leisten. Gleichzeitig braucht das Kind bei seiner Entwicklung die Hilfe des Erwachsenen.

2.1.2 Entwicklungsphasen

Nach der Geburt befindet sich der Säugling zunächst in völliger Abhängigkeit von seiner Umgebung. Er benötigt die liebevolle Zuwendung seiner Eltern, muß ernährt und körperlich versorgt werden. Maria Montessori sagt, daß das Kind als „psychischer Embryo" auf die Welt komme, schutzbedürftig auf unsere Hilfe angewiesen. Zugleich sind alle Möglichkeiten zur Entfaltung seiner Persönlichkeit in ihm angelegt.

Seine individuellen Eigenarten, seine Fähigkeiten zu lernen, seine Fähigkeiten, die Sinne und Bewegungen zu schulen.

„Das Kind ist nicht ein leeres Gefäß, das wir mit unserem Wissen angefüllt haben und das uns so alles verdankt. Nein, das Kind ist der

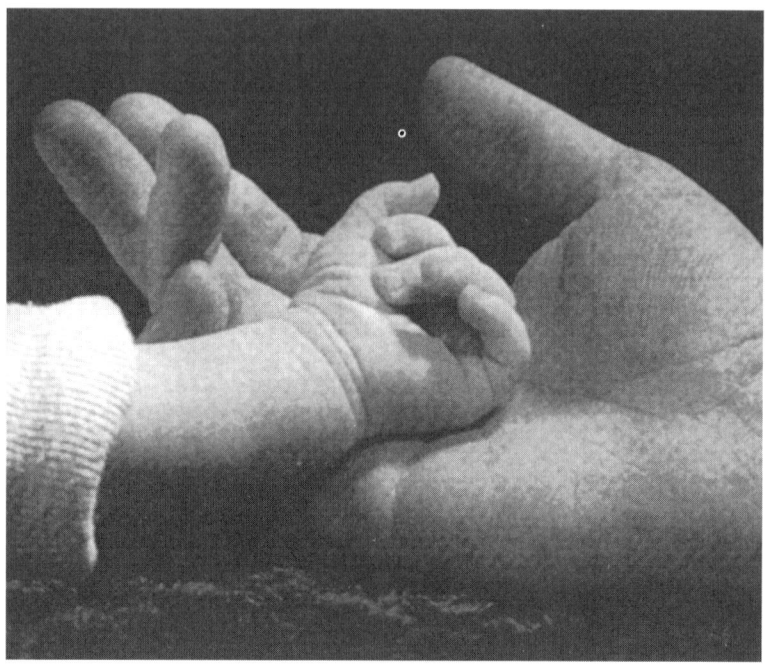

Baumeister des Menschen, und es gibt niemanden, der nicht von dem Kind, das er selbst einmal war, gebildet wurde."[1]

Jedes Kind verfügt nach Montessori über einen inneren Entwicklungsplan, der deutlich macht, was es sich zu einem bestimmten Zeitpunkt aneignet.

Wie eignet sich ein Kind etwas Bestimmtes an? Wie lernt es z. B. sprechen oder laufen?

Das Kind nimmt lange Zeit ganzheitlich und gleichzeitig sämtliche Eindrücke und Gegebenheiten aus seiner Umgebung mit seinen Sinnen wahr. Es saugt diese Eindrücke zunächst wie ein Schwamm auf und speichert sie unbewußt. Es arbeitet lange Zeit im „Geheimen" an seiner Entwicklung. Das betrifft sowohl seine Bewegungsentwicklung wie das Erlernen der Muttersprache. Montessori nennt diese unbewußte Geistesform des kleinen Kindes „absorbierender Geist".

---

[1] Montessori, M.: Das kreative Kind – Der absorbierende Geist, Freiburg 1972, S. 13.

Wenn wir kleine Kinder beobachten, so zeigt es sich, daß sie zu bestimmten Zeiten besonders offen, interessiert und bereit sind, eine spezielle Fertigkeit zu lernen, z. B. Laufen lernen. Montessori nennt diese Zeiten „sensible Phasen". Während dieser Zeit lernt das Kind mit Lust und Leichtigkeit, wenn ihm von Erwachsenen Gelegenheit dazu gegeben wird. Zu einem anderen Zeitpunkt würde es das Gleiche mit sehr viel größerer Mühe, willentlicher Anstrengung und weniger Freude erlernen.

Die sensiblen Phasen ermöglichen es dem Kind, sich die Voraussetzung für einen nächsten Entwicklungsschritt anzueignen.

Montessori beobachtete in den ersten drei Jahren sensible Phasen für Bewegung, für den Spracherwerb, für Ordnung. Diese Sensibilitäten dauern eine Zeitlang an, um dann wieder abzuklingen. Der Zeitpunkt für das Auftreten einer sensiblen Phase beim einzelnen Kind ist nicht vorhersagbar. Jedes Kind hat seine Zeit. Wir können offen und wachsam sein, im Blick auf ihr Hervortreten, um dem Kind zu helfen, diese Phase ganz nutzen zu können.

a) Sensible Phase für Bewegung
Der Säugling bewegt sich oft strampelnd in seinem Bett. Mit noch unkoordinierten Bewegungen versucht er zu greifen, z. B. nach einem Ball in seiner Reichweite. Immer wieder streckt er seine Arme danach aus, stärkt dadurch seine Muskulatur und übt die Koordination zwischen Sehen und Greifen. Die Bewegungen werden zunehmend gezielter, so daß er eines Tages den Ball fassen kann.
In einer bestimmten Phase sind alle kleinen Kinder fasziniert von Treppen. Unermüdlich versuchen sie, die Treppenstufen hinauf- und hinunterzukrabbeln.

Denken wir weiter an ein Kind, das laufen lernt. Es macht aus sich heraus seine ersten Schritte, fällt hin, steht auf, fällt hin und steht wieder auf.

Mit welcher Energie, unbeirrbarer Ausdauer und Intensität wird hier geübt. Alle Anstrengungen dienen dazu, daß das Kind eines Tages selbständig laufen und die Treppenstufen allein hinauf- und hinuntergehen kann. Unablässig übt es seine Wahrnehmung und seine Grob- und Feinmotorik, bis es schließlich seine Bewegungen koordinieren kann. Das Kind erforscht und erschließt sich seine Umgebung und baut sich eine Vorstellung von den Dingen auf. Die Welt wird begriffen im wahrsten Sinne des Wortes: vom Greifen zum Begreifen. All seine Anstrengungen, all sein Üben bedeuten Entwicklung, zunehmende Selbständigkeit und Unabhängigkeit.

b) Sensible Phase für den Erwerb der Muttersprache

Betrachten wir einen etwa vier Monate alten Säugling. Wann immer Vater oder Mutter mit ihm sprechen, blickt er aufmerksam auf deren Mund. Mit ca. 6 Monaten beginnt er selbst, seine Lippen zu bewegen und plappert die unterschiedlichsten Laute. Mit Freude werden immer wieder neue Lautkombinationen erprobt. Durch sein unablässiges Plappern wird die Motorik entwickelt, die er für das Sprechen benötigt. Obwohl die Laute noch keine Wortbedeutungen haben, tritt der Säugling so in Kontakt zu seiner Umwelt.

Das Kind arbeitet unbewußt an seiner Sprachentwicklung. Erst später wird es lernen, daß bestimmte Lautkombinationen eine feste Bedeutung haben.

Im weiteren Verlauf seiner Entwicklung erfaßt das Kind seine Muttersprache ohne bewußte Willensanstrengung. Scheinbar mühelos lernt es diese Sprache in jedem Detail, es lernt die Grammatik mit allen Regeln und Ausnahmen.

Wie unvergleichlich mühseliger ist das Erlernen einer Fremdsprache in den späteren Lebensjahren.

c) Sensible Phase für Ordnung

Maria Montessori beobachtete, daß Kinder um das 2. Lebensjahr eine ausgeprägte Liebe für Ordnung zeigen.

Die Dinge in der Umgebung des Kindes sollten so geordnet sein, daß sie einen festen Platz haben. Diese Ordnung hilft dem Kind, die Lage der Gegenstände im Raum zu erkennen und sich an die Stelle zu erinnern, wo jedes Teil sich befindet. Wie versichernd und beruhigend ist es für ein kleines Kind zu erfahren, daß z. B. sein Mantel immer an einem bestimmten Platz zu finden ist.

Auf der Basis einer klaren räumlichen Ordnung ist es leichter für das Kind, eine Beziehung zwischen den Dingen herzustellen. Es erforscht seine Umgebung und kann sich somit zunehmend in ihr zurechtfinden.

Neben einer räumlichen Ordnung und der Erfahrung, daß die Dinge im Raum miteinander in Beziehung stehen, braucht das kleine Kind auch die verläßliche Ordnung im Tagesablauf und in der Verbindung zu seinen Bezugspersonen.

Klarheit in bezug auf Raum, Zeit und Personen geben dem Kind Halt, Sicherheit und Orientierung, die es für seine Entwicklung braucht.

„Für das Kind ist die Ordnung das, was für uns der Boden ist, auf dem wir stehen, was für den Fisch das Wasser ist, in dem er schwimmt."[2]

---

[2] Montessori, M.: Kinder sind anders, Frankfurt a.M. 1980, S. 83.

Um das 2. bis 3. Lebensjahr herum wird sich das Kind seiner eigenen Person bewußt. Es beginnt, „Ich" zu sagen und entwickelt ein Bewußtsein für seine Person und seine Tätigkeiten. Frühere Erfahrungen werden jetzt im Tun bewußt erlebt. Das Kind wird von einem „unbewußten Schöpfer" zu einem „bewußten Arbeiter". Gleichzeitig entwickelt sich das Bewußtsein für andere und ihre Beziehungen zueinander. Erst dieses Selbst-Bewußtsein läßt das Interesse für Kontakte und für das Spiel mit anderen entstehen.

2.1.3 Die Bedeutung der Konzentration

Maria Montessori beobachtete, daß schon kleine Kinder zu großer Konzentration fähig sind. Sie erkannte, daß die Möglichkeit zur Konzentration eine wesentliche Voraussetzung für eine gesunde Entwicklung des Kindes ist. Die Konzentration äußert sich im wiederholten Tun aus eigenem Antrieb und Verlangen, so wird z. B. der Tisch immer wieder mit Ausdauer und Hingabe gewischt, obwohl er schon lange sauber ist. Im konzentrierten Tun dringt das Kind zunehmend tiefer in einen Handlungsablauf ein. Kinder, die mit Ruhe und Zeit Angebote aus ihrer sachlichen Umgebung intensiv erforschen und in der tätigen Auseinandersetzung mit den Dingen Erfahrungen sammeln können, erlangen eher eine innere Zufriedenheit, die Montessori als psychisches Gleichgewicht bezeichnet. Das Kind ist aus dieser Erfahrung heraus offener für soziale Kontakte. Die Konzentration – von Montessori Phänomen der Polarisation der Aufmerksamkeit genannt – ist für das Kind nicht selbstverständlich zu erreichen, sie ist gebunden an bestimmte Voraussetzungen und Bedingungen.

2.1.4 Die vorbereitete Umgebung

Entwicklung vollzieht sich immer nur im Austausch mit der Umgebung. Die vorbereitete Umgebung ist eine wesentliche Hilfe, die der Erwachsene dem Kind geben kann.

Die Angebote der vorbereiteten Umgebung werden den Bedürfnissen und dem Entwicklungsstand der Kinder angepaßt. Die Umgebung soll einfach, ansprechend und klar strukturiert sein, damit sich die Kinder in ihr orientieren und tätig werden können. Ein Zuviel an Angeboten wird konzentriertes Tun ebensowenig entstehen lassen, wie ein Unterangebot, bei dem sich die Kinder langweilen. Auf das gute Maß kommt es an und darauf, daß das Angebot eine Aufforderung zum Handeln darstellt.

Alle Dinge haben im Raum einen festen Platz. Sie stehen in Regalen so bereit, daß die Kinder sie je nach eigener Möglichkeit – auch unabhängig vom Erwachsenen   von ihrem Platz nehmen und nach Gebrauch dorthin wieder zurückbringen können.

Die „äußere Ordnung" ist für das Kind eine wichtige Voraussetzung zum Finden einer „inneren Ordnung".

Zum Angebot der vorbereiteten Umgebung gehören Materialien für Übungen des täglichen Lebens, Sinnesmaterialien wie Materialien zur kreativen Gestaltung. Der Erwachsene zeigt dem Kind je nach Interesse die Handhabung des gewählten Materials, wobei das Tun, nicht das Reden für das kleine Kind im Vordergrund steht.

Alle Erfahrungen, die das Kind mit den unterschiedlichen Materialien sammelt, helfen ihm, seine Wahrnehmung zu schulen, seine Bewegungen zu koordinieren, Beziehungen und Gesetzmäßigkeiten zu erfahren.

Die Angebote der vorbereiteten Umgebung sind zu verstehen als „Schlüssel" zur Welt. Sie sprechen das Kind ganzheitlich an: Seine Sinne, seine Bewegung, seine Hände, seine Psyche und seinen Geist.

Zur vorbereiteten Umgebung gehören nicht nur die Materialien im Raum, auch die in ihr handelnden Personen, die Haltung der Erwachsenen zueinander und gegenüber den Kindern sind von großer Bedeutung.

2.1.5 Freies Handeln in Grenzen

In einer geordneten und klar strukturierten vorbereiteten Umgebung lernen die Kinder immer wieder neu, aus den unterschiedlichsten Möglichkeiten heraus eine Tätigkeit frei zu wählen. Sie entscheiden, was sie tun, mit wem sie es tun, allein oder mit anderen und über die Dauer ihrer Tätigkeiten.

Die freie Wahl der Tätigkeit ermöglicht es ihnen, ihren sensiblen Phasen zu folgen, ihre Interessen, Bedürfnisse und Stärken zu leben, ihren eigenen Rhythmus und ihr eigenes Tempo zu finden.

Beim Einüben in den Umgang mit Freiheit lernen die Kinder gleichzeitig, Grenzen zu akzeptieren. Diese Grenzen erfahren sie in der Ordnung des Raumes, im Material selbst und im Zusammenleben mit anderen.

Die Materialien haben im Raum ihren festen Platz. Jedes Material ist nur einmal vorhanden, so daß die Kinder lernen, zu warten und Absprachen zu treffen.

Freiheit des einzelnen hat als Grenze das Interesse der Gemeinschaft. So dürfen die Kinder die anderen bei ihrem Tun nicht stören. Achtung vor der Tätigkeit des anderen wird immer wieder geübt, Respekt vor eigenem Tun erfahren.

Wo Kinder sich in einer vorbereiteten Umgebung frei entscheiden, können Ruhe, Ordnung und Disziplin entstehen, nicht von außen gefordert, sondern aus eigener Zufriedenheit und einem Gefühl, in der Gruppe angenommen zu sein.

2.1.6 Die Haltung des Erwachsenen gegenüber dem Kind

Für Montessori bildet der Erwachsene einen Teil der vorbereiteten Umgebung. Von der Art, wie er dem Kind begegnet, hängt wesentlich der Entwicklungsprozeß des Kindes ab. Hier wird die Abhängigkeit des Kindes vom Erwachsenen deutlich und gleichzeitig die Verantwortung des Erwachsenen gegenüber dem Kind.

Liebe und Achtung vor dem Kind sind wichtige Voraussetzungen für seine Entwicklung. Der Erwachsene braucht viel Geduld, er muß warten können und der Eigenkraft des Kindes, sich zu entfalten, immer wieder vertrauen.

Leitmotiv der Pädagogik Maria Montessoris ist der Ausspruch eines Kindes „Hilf mir, es selbst zu tun". Der Erwachsene als Helfer auf dem Wege des Kindes Schritt für Schritt in die Selbständigkeit und Unabhängigkeit. Der Erwachsene als Berater des Kindes, der die Entwicklung, die Aufbauarbeit des Kindes beobachtet, achtet und verstehen lernt.

2.2 Montessori-Eltern-Kind-Gruppen – ein Lernfeld für Kinder und Erwachsene

Beschreibung der praktischen Arbeit in einer frühpädagogischen Einrichtung (Montessori-Kinderhaus Wuppertal).

Ein Versuch, die Theorie der Montessori-Pädagogik in den praktischen Alltag einer frühpädagogischen Einrichtung für Eltern und deren Kinder im Alter von ein bis drei Jahren umzusetzen.

2.2.1 Organisatorischer Rahmen

2.2.1.1 Die Anfänge der Arbeit und deren Entwicklung

Die Idee, mit einer Montessori-Eltern-Kind-Gruppe zu beginnen, war in einer Gruppe von Eltern und Pädagogen gewachsen, die in einem Montessori-Verein organisiert, sich zum Ziel gesetzt hatten, ein Angebot für Eltern und deren Kinder im Alter von ein bis drei Jahren ins Leben zu rufen. So wurde im Frühjahr 1991 unter der Leitung von zwei Pädagoginnen mit Unterstützung der VHS die erste Eltern-Kind-Gruppe im Raum einer Evangelischen Kirchengemeinde unter einfachen Bedingungen angeboten.

Die Eltern dieser Gruppe gründeten den Verein Montessori-Kinderhaus e.V. und setzten sich zum Ziel, ein Kinderhaus aufzubauen. In einem Zeitraum von ungefähr fünf Jahren konnten räumliche und konzeptionelle Voraussetzungen geschaffen werden für einen frühpädagogischen Bereich, für Eltern und Kinder im Alter von ein bis drei Jahren und einen Kindergartenbereich für Kinder im Alter von drei bis sechs Jahren.

Es wurden bald eigene Räume angemietet, so daß drei Eltern-Kind-Gruppen in Trägerschaft des Vereins angeboten werden konnten. In jeder Gruppe wurden nach und nach auch behinderte Kinder aufgenommen.

Mit großem Einsatz der Eltern konnte im Januar 1996 das Kinderhaus eröffnet werden, kurz darauf wechselte auch der frühpädagogische Bereich in dieses Haus.

Der Weg zur Entstehung des frühpädagogischen Bereichs als Grundstück für das Entstehen eines Montessori-Kinderhauses wurde von den Pädagoginnen, dem Vorstand und dem Fachausschuß „Eltern-Kind-Bereich" in einem Konzept zusammengefaßt, auf das die folgende Darstellung im wesentlichen Bezug nimmt.

2.2.1.2 Intentionen und Ziele

„Diesen ersten drei Jahren gebührt mehr als anderen die wachsamste Sorge."[3]
Die Lebensphase vom 1. bis zum 3. Lebensjahr ist für die Entwicklung des Kindes von grundlegender Bedeutung. Es ist eine Lebensphase großer Nähe zwischen dem Kind und seinen Bezugspersonen. Der Elternteil, der nach der Geburt beim Kind bleibt, erlebt häufig eine Umbruchphase. Befand er sich vor der Ankunft des Kindes oftmals in einer Ausbildungs- bzw. Arbeitssituation und in unabhängiger Lebensgestaltung, geht nun die Betreuung des Kindes für manchen einher mit geringer Unabhängigkeit, mangelnden Kontakten und wenig Unterstützung und Anerkennung von außen.

Die Eltern haben oft ein großes Bedürfnis nach Kontakten für sich und ihr Kind. Sie suchen Gemeinschaft, um die oftmals erlebte Isolation und Enge der Kleinfamilie zu überwinden. Sie erleben Verunsicherung in ihrer Erziehungskompetenz, vielleicht durch Rollenkonflikte und die Vielfalt der pädagogischen Meinungen in unserer Zeit.

Die Eltern suchen, Anregungen, Erfahrungen mitzuteilen, herauszukommen aus ihrer alltäglichen Situation, und wünschen sich Bestätigung und Stärkung ihrer elterlichen Fähigkeiten.

Wesentliche Ziele mit den Eltern und deren Kindern sind:
- den Entwicklungsweg der einzelnen Kinder aus der Beobachtung heraus verstehen zu lernen;
- Vertrauen ins eigene Handeln und in das Tun der Kinder zu stärken;
- Hilfe zur Selbsthilfe zu geben;
- in einer auf die individuellen Bedürfnisse der Kinder abgestimmten Umgebung konzentriertes Tun im respektvollen Miteinander zu ermöglichen;
- die Bindung und Lösung der Kinder zu begleiten;
- Ermutigung und Anregung zum Austausch untereinander zu geben.

---

[3] Montessori, M.: Das kreative Kind – Der absorbierende Geist, Freiburg 1972, S. 6.

2.2.1.3 Die Gruppe

Die Eltern-Kind-Gruppe besteht aus acht Kindern, zwei behinderten und sechs nichtbehinderten Kindern, acht Begleitpersonen und der Gruppenleitung. Sie stellt sich als vielschichtiges Beziehungsgeflecht dar:

– die Ebene der Kinder,
– die Ebene der Erwachsenen zu den Kindern und der Kinder zu den Erwachsenen,
– die Ebene der Erwachsenen,
– die Ebenen der Leitung zu den Kindern und zu den Erwachsenen.

Weitere Aspekte spielen innerhalb der Gruppe eine Rolle:
– unterschiedliches Lebensalter und Geschlecht der Kinder,
– verschiedene Begabungen, Behinderungen und Temperamente,
– Erwachsene in unterschiedlichen Lebenszusammenhängen.

Jedes Kind wird durch Mutter, Vater oder eine konstante Bezugsperson begleitet.

Die Pädagogen bemühen sich um eine ausgewogene Gruppenzusammensetzung unter Berücksichtigung von Alter und Entwicklungsstand, Geschlecht, Art der Behinderung und Muttersprache. Sie sind ebenfalls verantwortlich für den Ablauf, die vorbereitete Umgebung bei den Gruppentreffen mit den Kindern und die Gestaltung der Elternabende.

2.2.1.4 Der Gruppenraum

Der Gruppenraum ist nach verschiedenen Tätigkeitsbereichen gegliedert. Alles, was das Kind hier vorfindet, soll ihm Hilfe und Unterstützung bei seiner Entwicklung sein.

Zu unserer vorbereiteten Umgebung gehören:

- Sinnesmaterialien,
- Materialien für die Übungen des täglichen Lebens,
- Angebote zum Malen, Kleben, Schneiden und Kneten,
- Angebote zum Geschichtenhören und Bilderanschauen in einer Leseecke,
- Angebote zum Experimentieren mit einem Magnet, mit Schlüsseln, mit einer Wasserschüssel und Gegenständen, die daraufhin untersucht werden können, ob sie schwimmen,
- Angebote zum Verkleiden, Schminken, freien Spielen in einem Haus,
- in einer Bewegungsecke eine Hängematte zum Schaukeln oder Ausruhen, Kissen zum Hüpfen, einen Tunnel zum Durchkriechen.

Wir versuchen, den Raum im Rhythmus der Jahreszeiten freundlich zu gestalten, damit Eltern und Kinder sich in einer angenehmen Atmosphäre wohlfühlen können.

2.2.1.5 Ablauf des Gruppengeschehens

Die Gesamtdauer der Eltern-Kind-Gruppenzeit beträgt 2 1/2 Stunden. Die Treffen beginnen mit einer Freispielphase, an die sich ein gemeinsames Frühstück anschließt. Nach dem Frühstück folgt die zweite Freispielphase, die mit dem Aufräumen endet. Das Gruppentreffen wird mit einem gemeinsamen Singen im Kreis beschlossen.

2.2.1.6 Mithilfe der Eltern

Die Arbeit in den Eltern-Kind-Gruppen kann nur gelingen, indem sich Eltern in verschiedensten Bereichen aktiv engagieren:

bei den vielfältigen Aufgaben im Vorstand, im Fachausschuß Eltern-Kind-Bereich, bei der Blumengestaltung, Fensterdekoration, Säuberung und Instandhaltung der Räume und Möbel, bei der Organisation von gemeinsamen Aktivitäten wie Jahresfesten sowie der Organisation von Seminarangeboten zur Elternfortbildung.

2.2.1.7 Finanzierung

Öffentliche Förderungsmittel stehen nicht zur Verfügung. Die finanzielle Grundlage der Eltern-Kind-Gruppen-Arbeit bilden die regelmäßigen Elternbeiträge, die Zuschüsse vom Verein Montessori-Kinderhaus e.V. sowie Unterstützung von einer Familienbildungsstätte.

2.2.2 Pädagogischer Rahmen

2.2.2.1 Die Bedeutung der Gruppentreffen für die Kinder

Die Kinder unserer Einrichtung befinden sich für den Erwerb sämtlicher Fähigkeiten in einer grundlegenden und prägenden Phase. Die Bindung zum begleitenden Elternteil ist wichtig und anfänglich groß. Erst das Ich-Bewußtsein ermöglicht eine Beziehungsfähigkeit zu anderen und gleichzeitig die allmähliche Lösung von den Eltern. Die Erwachsenen-Kind-Beziehung ist so nah, wie in keiner späteren Lebensphase.

Die Kinder erleben beim Eintritt in die Gruppe oftmals zum erstenmal eine größere Gemeinschaft. Sie finden in der Gruppe die Möglichkeit, Kontakt zu anderen Kindern und Erwachsenen zu knüpfen, die nicht zu ihrem engsten bisherigen Umfeld zählten. Sie erleben, daß ihnen Raum und Zeit für eigenes Tun gelassen wird. Sie erfahren Freiheit bei der Wahl ihrer Tätigkeit, bei der Wahl des Partners und der Dauer ihrer Tätigkeit und erleben Grenzen durch die Regeln der Gemeinschaft. Sie finden Sicherheit und Orientierung durch:

– die klare verläßliche Anordnung der Materialien im Raum,
– den immer wiederkehrenden Ablauf der Gruppenstunden,
– die Kontinuität in den Beziehungen.

Sie lernen, sich einzuüben in einen Tätigkeitszyklus, der mit der Vorbereitung beginnt (Materialholen, Bereitstellen), die Phase des Tuns beinhaltet und mit dem Aufräumen endet. Sie erleben durch die altersgemischte Gruppe ein vielfältiges Lernfeld. Sie erfahren Achtung vor eigenem Tun und lernen anderes Tun zu respektieren. Sie machen mit Hilfe der Materialien im Rahmen ihres Entwicklungsstandes Erfahrungen im Vergleichen, Unterscheiden, Ordnen, Paaren, sie lernen Eigenschaften kennen, lernen Dinge in Beziehung zu setzen. Sie werden im Verlauf der Gruppenzeit zunehmend selbständiger, sicherer und selbstbewußter im Umgang mit den Dingen und miteinander und dadurch unabhängiger von den Erwachsenen. Somit kann ein schrittweises Ablösen von Mutter, Vater oder der begleitenden Bezugsperson gelingen.

Die Eltern-Kind-Gruppe bietet dem einzelnen Kind die Möglichkeit, Hilfe und Begleitung zu finden bei seinem individuellen Wachstums- und Entwicklungsprozeß.

2.2.2.2 Die Bedeutung der Gruppentreffen für die Eltern

Die Gruppentreffen bieten den Eltern die Möglichkeit, sich Zeit und Raum für ihr Kind zu nehmen, frei vom Vielerlei der Situation zu Hause.

Eltern können dadurch lernen:
- zum eigenen und zu den anderen Kindern hinzuschauen;
- wahrzunehmen, welche Hilfe und welche Unterstützung das einzelne Kind auf dem Weg seiner Entwicklung braucht;
- die Eigenständigkeit der Kinder zu respektieren;
- sich zurückzunehmen, wenn das Kind seine Tätigkeit alleine ausführen kann;
- loszulassen, wenn das Kind zunehmend selbständiger und unabhängiger wird.

„Hilf mir, es selbst zu tun.
Zeig mir, wie es geht.
Tu es nicht für mich.
Ich kann und will es allein tun.
Hab Geduld, meine Wege zu begreifen.
Sie sind vielleicht länger, vielleicht brauche ich mehr Zeit,
weil ich mehrere Versuche machen will.
Mute mir auch Fehler zu, denn aus ihnen kann ich lernen."[4]

Ebenso haben die Eltern die Gelegenheit, ihre eigene Spielfähigkeit und Kreativität neu zu entdecken und zu beleben. Sie finden aus dem Gruppengeschehen heraus Anregungen und Hilfen für die Situation mit ihrem Kind zu Hause.

Die Vielschichtigkeit der Beziehungen ermöglicht ein Lernen an Vorbildern. Die anderen Eltern und die Gruppenleitung sind lebendige Beispiele dafür, auf welch unterschiedliche Weise man mit den Kindern umgehen und leben kann. Verhaltensweisen anderer können Erweiterung des eigenen Handlungsspektrums sein.

Auch können die Erfahrungen, die die Eltern während der Treffen machen, eigene Sichtweisen und Haltungen im neuen Licht erscheinen lassen. Dieses praxisbezogene und dadurch lebendige Austauschfeld ist eine Besonderheit der Eltern-Kind-Gruppenarbeit, die

---

[4] Montessori, M.: Kinder lernen schöpferisch, hrsg. von I. Becker-Textor, Freiburg 1994, S. 26.

es in keiner späteren Phase, weder im Kindergarten noch in der Schule, gibt.

2.2.2.3 Die Bedeutung der Elternabende

Bei den Eltern-Kind-Treffen stehen die Kinder im Mittelpunkt des Geschehens. Somit ist der Austausch unter den Erwachsenen nur begrenzt möglich. Einzelgespräche mit der Gruppenleitung können nach Vereinbarung, nach den Gruppentreffen oder telefonisch stattfinden.

An Elternabenden und Seminaren besteht die Möglichkeit zu ungestörtem intensiven Austausch auf der Erwachsenenebene. Die Elternabende finden gruppenbezogen alle vier bis sechs Wochen statt. Seminare zu den Themen „Kinder und Aggression", „Konsequente und haltgebende Erziehung" u. a. werden einmal pro Vierteljahr gruppenübergreifend angeboten. An den Elternabenden wird zum einen versucht, im Miteinander Inhalte aus der Montessori-Pädagogik zu erarbeiten und zu vertiefen, zum anderen werden hier Fragen bewegt, die sich aus der Situation mit den Kindern während der Gruppentreffen oder aus dem Familienalltag heraus ergeben.

Zu den Elternabenden werden auch die Väter eingeladen oder der Elternteil, der an den Gruppentreffen mit den Kindern nicht teilnehmen kann. In der Mehrzahl nehmen die Mütter dieses Angebot wahr, was vielleicht mit alten Rollenbildern zu tun hat, aber auch mit der Versorgung der Kinder in Verbindung gebracht werden muß.

Ein Kind zu erziehen fordert heraus, stellt vor Fragen, bringt an Grenzen und konfrontiert mit Erinnerungen an die eigene Kindheit.

Im Miteinander finden Eltern Mut zum Austausch, Vertrauen in die eigenen Fähigkeiten, und erfahren, daß sie mit ihren Fragen nicht allein sind. Sie erleben, daß es immer mehr darum geht, wachsam zu werden dafür, daß das Kind ihnen zeigt, was es braucht. Die Eltern stärken sich gegenseitig, auch eigene Bedürfnisse zu erkennen und sich neben der Betreuung des Kindes nicht selbst zu vergessen.

Austausch bedeutet, gemeinsam Lösungen suchen, kleine gangbare Schritte überlegen.

Austausch bedeutet, die Wertschätzung der eigenen Person, das Anerkennen der eigenen Möglichkeiten und Grenzen, das Würdigen, den Weg mit dem Kind immer wieder neu zu versuchen. Die Gespräche können eine Fortsetzung finden zu Hause mit dem Partner, sie bewirken vielleicht einen bewußteren Umgang mit dem Kind oder auch mehr Freude an der Verbindung zum Kind.

„Irgendwie habe ich diese Elternabende immer ganz befriedigt verlassen, weil sie mir die Möglichkeit boten, mich mal auf anderer Ebene und auch im Austausch mit anderen Eltern mit Dingen zu befassen oder auch Zusammenhänge zu erkennen, die mir sonst in der täglichen unmittelbaren Konfrontation mit dem Kind vielleicht verborgen geblieben wären."

„Die Elternabende schafften eine gute Grundlage, neue Wege zu suchen oder alte Wege zu vertiefen."

2.2.2.4 Gemeinsam Leben lernen

Die Vielfalt und Unterschiedlichkeit in den Gruppen bieten Eltern und Kindern die Chance, die Achtung vor der Einzig- und Andersartigkeit eines jeden erfahren und leben zu lernen.

Die behinderten Kinder helfen, wachsam zu werden für die oftmals zarten Entwicklungsschritte. Sie geben immer wieder Anlaß zur Freude und Gelegenheit, sich auf das Tempo, das Zeitmaß eines jeden Kindes einzulassen und dieses zuzulassen.

Integration kann gelingen, wenn jeder sich mit seinen eigenen Fähigkeiten, Unzulänglichkeiten und Behinderungen auseinandersetzt, sich ihrer bewußt wird, sie annehmen und diese Polaritäten in sich ausloten lernt.

Integration verstehen wir als Prozeß, an dem alle beteiligt sind. Sie passiert in jedem einzelnen von uns und in der Gemeinschaft. Kinder und Erwachsene lernen und entwickeln sich miteinander.

2.2.2.5 Erfahrungsbericht einer Mutter

„Laura macht das!"

Maria Montessori hat erkannt, daß das Kind selbst Baumeister seiner eigenen Entwicklung ist, nicht der Erwachsene. Das Kind strebt nach Unabhängigkeit und Selbständigkeit. Der Erwachsene leistet Hilfe zur Selbsthilfe, soweit es nötig ist.

Hierzu möchte ich folgende Begebenheit schildern:
Laura (2 1/4) und ich sind nachmittags alleine im Haus. Ich putze das Bad im oberen Stock, Laura spielt unten. Ich habe ihr angekündigt, daß wir gemeinsam ein Stück Kuchen essen, wenn ich fertig bin. Nach einiger Zeit höre ich sie von unten rufen: „Laura Kuchen holt!" Und etwas später: „Laura Kuchen ausgepackt!" Was mich,

ehrlich gesagt, bedenklich stimmt. Ich rufe zurück: „Warte bitte auf mich, ich bin gleich fertig!" Und gehe etwas später dann hinunter, um die Situation in Augenschein zu nehmen. Was erwartet mich? Das Kuchentablett steht ordentlich auf dem Eßtisch, das Papier ist im Mülleimer gelandet. Laura hat auch gleich noch die Brötchen aus ihrer Tüte geholt, auf das Holzbrett in der Küche gelegt und die Tüte ebenfalls in den Mülleimer befördert. Die von mir erwarteten Spuren ihrer Aktion, die ich nun zu beseitigen hätte, fehlen. Ich bin sehr beeindruckt und lobe sie: „Prima, hast du gut gemacht!"

Was hat das Ganze mit Montessori zu tun? Mein Vertrauen in die Fähigkeiten meiner Tochter war hier sicherlich zu gering: Sie hat die Situation ja im besten Sinne bewältigt. Ich konnte darauf vertrauen, daß sie den Kuchen nicht umgehend selbst ißt. Normalerweise macht sie so etwas nur nach vorhergehender Ankündigung oder „Auge in Auge". Aber da bleibt ja immer noch das ungute Gefühl: „Was geschieht denn da?" Wenn ihr der Kuchen hingefallen wäre? Wenn das Papier irgendwo gelegen hätte? Wenn der Fußboden verschmiert gewesen wäre? Na und? Vertrauen in die Fähigkeiten des eigenen Kindes zu haben, ist eine Gratwanderung. Einerseits traut sie sich ja tatsächlich häufig mehr zu, als sie schon kann. Laura würde z. B. am liebsten ihr Brötchen mit dem scharfen Messer selbst aufschneiden. Andererseits ist es häufig auch nur meine Angst vor Unordnung und zusätzlicher Arbeit, die mich dazu bringt, Laura in ihrem Aktivitätsdrang zu bremsen. Es ist schwer, sich selbst zurückzunehmen. Aber glücklicherweise überrascht mich das Kind immer wieder, wenn es mir dann doch gelungen ist.

Hier hilft uns beiden die Montessori-Eltern-Kind-Gruppe ungemein. Weil Laura hier im Mittelpunkt steht. Weil ich Zeit habe für das Kind; selber ruhig und gelassen bin. Ich kann die „Hilfe zur Selbsthilfe" gewissermaßen für den „Ernstfall Alltag" trainieren. Wesentliche Hilfestellung leistet dabei die Gruppenleiterin. Durch ihr Vorbild. Und den – eigentlich immer fruchtbaren – Gedankenaustausch.

3. Montessori-Erziehung in Familie und Kinderhaus

Christina Everhardt

Wenn die Frage des Kindergartenplatzes für die Kinder akut wird, gibt es bei der derzeitigen „Marktlage" im Normalfall nicht die Möglichkeit, einen Kindergarten mit einer bestimmten Pädagogik zu wählen.

Demzufolge kommen Kinder und Eltern in den meisten Fällen „per Zufall" mit der Montessori-Pädagogik in einer Tageseinrichtung für Kinder in Kontakt. In den meisten Fällen ist es so, daß sich eine entsprechende Einrichtung im Wohnumfeld befindet; andererseits kann es aber auch sein, daß die Einrichtung gezielt ausgewählt wird, weil man schon etwas über die Maria Montessori-Pädagogik gehört hat. Aber aus der Sicht der Eltern gibt es auch noch andere wichtige Aspekte für die Auswahl eines Kindergartenplatzes:

Ist die betreffende Einrichtung im Wohnumfeld und gut zu erreichen, muß nicht gleichzeitig auch noch ein Platz frei sein. Entsprechen die Öffnungszeiten dem Wunsch der Familie? Wird das Kind über die Mittagszeit betreut, und bekommt es ein Mittagessen?

In den wenigsten Fällen wird die Tageseinrichtung aus dem Wissen um die dort praktizierte Pädagogik heraus gewählt. Der Bedarf reagiert immer mehr auf das Leben der Eltern zwischen Beruf und Familie.

In der Praxis kommt es schon bei der Anmeldung des Kindes zumeist zu einem ersten Gespräch über die in der Einrichtung praktizierte Pädagogik.

Was ist die Montessori-Pädagogik? Was ist anders als in anderen Kindergärten?

In solchen Fällen ist es besonders wichtig, diesen Eltern, die ihre Kinder in Montessori-Einrichtungen anmelden, die Prinzipien der Montessori-Pädagogik zu verdeutlichen, um ihr Interesse zu wekken.

Im Kindergarten und in der Familie ist heute mehr denn je das Wissen um die Montessori-Pädagogik gefragt. In den meisten Fällen aber sind die finanziellen Mittel für die Anschaffung entsprechender Materialien nicht vorhanden, denn Montessori-Materialien sind teuer. In all diesen Fällen sind Eigeninitiative, Kreativität und richtiges Arbeiten mit der Montessori-Pädagogik gefragt, und dies gilt nicht nur für die Pädagogen, sondern auch für die Eltern.

Die Montessori-Pädagogik ist ein Erziehungsstil, der sich unmittelbar am Kind orientiert und konsequent die Bedürfnisse des Kindes berücksichtigt. Danach soll man das Kind in seiner Persönlichkeit achten, es als ganzen, vollwertigen Menschen sehen, seinen Willen entwickeln helfen und ihm helfen, selbständig zu denken und zu handeln. Es soll dem Kind die Gelegenheit geboten werden, den eigenen Lebensbedürfnissen zu folgen. Es soll ihm darüber hinaus geholfen werden, Schwierigkeiten überwinden zu können, statt ihnen nur auszuweichen.

Jedes Neugeborene hat von Beginn an bis zum Erwachsensein die Fähigkeit, aus seiner Umgebung heraus die Materialien zu wählen, die für seine Entwicklung wichtig sind. Wir Erwachsenen bereiten diese Umgebung vor und stellen sie den Kindern zur Verfügung, damit Selbsterziehung in dieser didaktisch vorbereiteten Umgebung gemäß den Möglichkeiten des Kindes stattfinden kann. Das Kind paßt sich seiner Umgebung an, um einen vollwertigen Teil seiner Gruppe auszumachen. Es nimmt seine Umgebung ganzheitlich in sich auf und folgt einem innerlichen Entfaltungsdrang, der den gesunden Kindern eigen ist.

Für die meisten Kinder ist das Kinderhaus der Ort, an dem sie, aus der Familie kommend, die ersten Schritte in das öffentliche Leben machen. Wie werden sie dort aufgenommen, wie werden sie angenommen? Wie weit können sie darauf bauen, in ihren individuellen Eigenheiten akzeptiert und bei den neuen Anforderungen des Gruppenlebens unterstützt zu werden? Finden sie Verläßlichkeit in den Beziehungen, Überschaubarkeit und orientierende Strukturen im Alltag der Einrichtung? Bekommen sie auch Raum und Gelegenheit für Bewegung, Ausgelassensein? Haben sie die Möglichkeit, ihre Umwelt und ihre Angelegenheiten mitzugestalten? Sind ihre Sicht der Dinge und ihre Meinung gefragt? Können sie lernen, sich verantwortlich an der Gestaltung des Gruppenlebens zu beteiligen?

Dies alles sind Fragen nach einer akzeptierenden Atmosphäre sowie – in jüngster Zeit wieder verstärkt – nach der Lernkultur im Kindergarten. Es ist die Frage nach Gruppenkonstellationen, die Kindern sowohl Zugehörigkeit wie auch viele Anregungen verschaffen. Es ist die Frage auch nach einer Umgebung, die alle Sinne anspricht, sowie nach Räumlichkeiten, die Geborgenheit schaffen, die aber auch Entdeckungslust und Risikobereitschaft fördern.

Diesen Fragen liegt ein Bild vom Kind zugrunde, das sich aktiv mit der Umwelt auseinandersetzt und dabei Fähigkeiten erwirbt. Diese Vorstellung vom kompetenten Kind entspricht heutigen Erkenntnissen.

Maria Montessori prägte im Rahmen ihrer Untersuchungen den Begriff von der „neuen oder veränderten Pädagogin". Was meinte sie damit?

Wenn in den Jahren 1920/30 von einer „neuen oder veränderten Pädagogin" gesprochen wird, wird man im ersten Moment an die Entwicklungen und Wirren jener Zeit denken und diesen Ausspruch auch darauf beziehen. Hier ist dann eine Erklärung für den wissenshungrigen Laien mehr als angebracht.

Wenn auch die Thesen Maria Montessoris vor mehr als 90 Jahren aufgestellt wurden, haben sie doch noch heute die gleiche Gewichtung und Bedeutung.

Zu Beginn des 20. Jahrhunderts gab es in Italien noch keine Schulpflicht für Kinder. Kinderarbeit und Ausbeutung waren an der Tagesordnung, und es war unüblich, das Kind als vollwertigen, wißbegierigen Menschen zu achten. Dem setzte Maria Montessori ihre Thesen entgegen und gründete ein erstes Kinderhaus, bezeichnenderweise in einem Arbeiterviertel in Rom. Man kann sich unschwer vorstellen, daß hier „zwei Welten" aufeinanderprallten: einerseits die unsoziale, nahezu brutale Welt der Arbeiter, andererseits die vermeintlich „heile Welt" Maria Montessoris.

Die von Maria Montessori geforderte „veränderte Pädagogin" sollte die Kinder begeistern und zum Tun auffordern. Dies ist normalerweise für uns heute nichts Besonderes und wird von den Eltern für ihre Kinder in Kindergärten und Schulen nicht nur gewünscht, sondern auch erwartet; natürlich oft auch unter dem Vorbehalt, daß „meine Kinder etwas lernen sollen und ich mich damit nicht auch noch abgeben muß".

In unserer heutigen Zeit ist vielleicht mehr denn je eine kritische Prüfung des Erziehungsverhaltens von Pädagogen notwendig, auch vor dem Hintergrund der Finanzknappheit und der immer mehr zunehmenden Hektik in Beruf und Freizeit. Bei einer solchen Prüfung dürfen allerdings auch die Eltern nicht außen vor bleiben.

Die von der Pädagogin oder dem Pädagogen auf die Kinder zu übertragende Begeisterung und Aufforderung zum Tun erfordert allerdings etwas mehr. Zu den neuen oder veränderten Verhaltensweisen der Pädagogen gehört als Grundvoraussetzung eine die Kinder ansprechende (vorbereitete) Umgebung.

Wenn diese Umgebung dann endlich den Bedürfnissen der Kinder entspricht, stellt sich die Frage, was die Pädagogen letztlich noch zu tun haben.

Diese Frage stellte sich auch Maria Montessori und kreierte ihre hier für die heutige Zeit übersetzten

12 Gebote für die Erzieher des jungen Kindes im Kinderhaus

1. Die Erzieher haben die Umgebung vorzubereiten und zu pflegen.

2. Der Erzieher muß den Gebrauch der Materialien selber beherrschen und somit den Kindern die genaue Handhabung schrittweise vermitteln können.

3. Der Erzieher ist „aktiv", wenn er das Kind mit der Umgebung in Beziehung bringt; er ist „passiv", wenn diese Beziehung erfolgt ist.

4. Er muß die Kinder beobachten, um dann, wenn es notwendig wird, weiterhelfen zu können.

5. Der Erzieher muß und darf nur dann Hilfestellung geben, wenn er gerufen wird.

6. Er muß zuhören können und nur dann antworten, wenn dies erwartet wird.

7. Er muß das arbeitende Kind respektieren, ohne es zu unterbrechen.

8. Er muß das Kind, das Fehler macht, respektieren, ohne es zu korrigieren.

9. Er muß das Kind, welches sich ausruht und den anderen bei der Arbeit zusieht, ohne es zu stören, ohne es anzurufen, ohne es zur Arbeit zu zwingen, respektieren.

10. Er muß unermüdlich versuchen, die Kinder für die Materialien in der Umgebung zu begeistern.

11. Der Erzieher muß die Kinder spüren lassen, daß sie sich jederzeit auf seine Hilfe verlassen können. Er darf aber niemals den Kindern seine Hilfe aufdrängen.

12. Der Erzieher erscheint dem Kind, das seine Arbeit vollendet und frei seine eigene Kraft erschöpft hat, und bietet ihm schweigend seine Seele an wie einen geistigen Gegenstand.[1]

Die hier zitierten 12 Gebote haben aber auch Gültigkeit für Mütter und Väter. So kann der Ausdruck Erzieher auch durch Vater oder Mutter ersetzt werden. Über jedes der zitierten 12 Gebote sollte man eingehend nachdenken und nach Anwendungs- und Übertragungsmöglichkeiten in die heutige Zeit suchen.

Maria Montessori formulierte einmal die wichtigste Aufgabe der Erzieherin bzw. des Erziehers: „Das Geheimnis der freien Entwicklung des Kindes liegt also in der Herrichtung der nötigen Mittel für seine geistige Ernährung, von Mitteln, die einem ursprünglichen Drang im Kinde entsprechen."[2]

Damit ist eine Haltung benannt, die weit über die methodischen und instrumentellen Grenzen der Montessori-Methode hinaus Gültigkeit hat. Wer Maria Montessoris Gedanken vor diesem Hintergrund für sich entdeckt und versteht, kann, trotz der wissenschaftlichen und zeitlichen Begrenztheit einiger ihrer Methoden, dem

---

[1] Nach einer Rede M. Montessoris 1933 in Barcelona. Vgl. Montessori, M.: Spannungsfeld Kind – Gesellschaft – Welt, Freiburg 1979, S. 28f.
[2] Zitiert nach Oy, C.M. von: Montessori-Material zur Förderung des entwicklungsgestörten Kindes, Heidelberg 1987, S. 12.

Wesen ihrer Erziehung näherkommen – einer Erziehung, die zunächst dem Kind, dann aber auch der Erzieherin/dem Erzieher gerecht wird: Beide erhalten die Chance, an einem Prozeß teilzuhaben, der zu einer beglückenden Selbsterfahrung werden kann. Das Kind erfährt dies direkt in der aufmerksamen Beschäftigung, die Erzieherin/der Erzieher über den Umweg der reflektierenden Beobachtung des Kindes und seiner eigenen Rolle.

> Wenn sich Kinder interessieren, experimentieren und selbständig werden wollen, ist das Ziel erreicht.

In der Familie ist es ähnlich: Wenn wir von der „veränderten Pädagogin" sprechen, müssen wir gleichermaßen auch von „veränderten Eltern" sprechen.

Auch in der Familie ist das „Erziehungsziel" erreicht, wenn sich Kinder in einer ansprechenden Umgebung interessieren, ausprobieren und tätig werden wollen.

Der Normalfall in unseren Familien sieht allerdings anders aus: Wir verhalten uns den Kindern gegenüber zumeist verständnislos, ungeduldig und letztlich auch widersprüchlich:

- Ist das Kind endlich soweit, daß es intensiv spielt, muß es wieder aufräumen, weil beispielsweise Besuch kommt.
- Ein andermal durfte das Kind gestern noch im Wohnzimmer spielen, heute ist das wieder nicht erlaubt.

Es gäbe noch eine Menge solcher „Widersprüche" aufzuzählen. Wir stören das Spiel der Kinder, wir unterbrechen sie und werden ärgerlich, wenn sie später ganz einfach nicht mehr weiterspielen wollen, da sie – wie auch bei Erwachsenen unter solchen Umständen festzustellen – einfach keine Lust mehr haben, sich wieder auf ihr Spiel oder Tun konzentrieren zu müssen.

Gerade in der heute so hektischen und schnellebigen Zeit, in der auch für die Eltern alles schneller erledigt werden muß, ist es wieder wichtig, sich darauf zu besinnen, daß gerade kleine Kinder sehr viel Zeit benötigen, um ihre Fähigkeiten ausprobieren zu können. Bereits am Morgen, beim Waschen, Zähneputzen, Anziehen und Frühstücken bleibt den Kindern berufstätiger Eltern kaum oder gar keine Zeit, diese Tätigkeiten in ihrem eigenen Tempo auszuprobieren. Den

Eltern geht alles zu langsam, die Zeit läuft davon – also ist es einfacher, dem Kind all diese Arbeiten abzunehmen.

Nur so ist zu begreifen, daß Kinder im 3. und 4. Lebensjahr in das Kinderhaus kommen und weder Schuhe noch Jacke selbständig ohne Hilfe ausziehen können. Das Zuknöpfen oder das einfache Hineinschlüpfen in einen Anorak sind unüberwindliche Hürden, die nur mit Hilfe Erwachsener überwunden werden können.

Das Schleifenbinden beispielsweise ist ein sehr komplexer Bewegungsablauf, der häufig erst später geübt wird. Mit dem Schleifenrahmen hat Maria Montessori eine Hilfe entwickelt, wodurch die komplexe Struktur des Schleifenbindens dem Kind in Einzelschritten nahegebracht werden kann. Es ist nicht altersspezifisch, wann ein Kind eine bestimmte Fähigkeit beherrscht, sondern immer abhängig vom Interesse und Entwicklungsstand der Kinder. Es kann in der Tat so sein, daß ein 4jähriges Kind einem 6jährigen beim Binden von Schleifen hilft.

Kinder, denen genügend Zeit zum Üben im eigenen Tempo zugebilligt wurde, haben erfahrungsgemäß in den meisten Fällen diese Schwierigkeiten nicht.

> Es heißt also bei Maria Montessori nicht von ungefähr:
> „Laß mir Zeit!"

Ein Kind muß sich seiner Umgebung anpassen können, um einen vollwertigen Teil seiner Gruppe auszumachen, und dies erfolgt immer nach festen Regeln: Das Kind nimmt seine Umgebung ganzheitlich in sich auf und folgt einem innerlichen Entfaltungsdrang, der gesunden Kindern eigen ist.

Das Kind erfährt, daß die täglichen Aktivitäten der Erwachsenen in der Familie von festen Regeln gesteuert und beherrscht werden. Dazu gehören u. a.

- Pflege und Verschönerung der Umgebung,
- die Sorge für sich und andere sowie
- die Gastfreundlichkeit.

Diese Regeln sind für Kinder äußerst interessant und fesselnd, da sie gleichzeitig logisch, ästhetisch und auch zu begreifen sind. Durch die ständige Anwendung dieser Aktivitäten im täglichen Leben und auch in der Familie werden die Kinder damit vertraut und somit werden Entfaltung und Aufbau der kindlichen Persönlichkeit stark gefördert.

Gleiches gilt natürlich auch für das Selbstbewußtsein und die Selbständigkeit der Kinder.

Mittwochmorgen, 8.15 Uhr, Montessori-Kinderhaus der Schutzengelpfarre in Krefeld:

Wie in allen Montessori-Kinderhäusern und -Einrichtungen arbeiten auch hier die Kinder selbständig mit einem selbstgewählten Material.

„Ich will nicht mehr weitermachen, Kerstin", sagt die gerade 4jährige Stefanie zur Gruppenleiterin. Vor ihr liegen ein Haufen Naturfarben und einige Modellierstäbe. „Gut, dann räume die Sachen weg und nimm dir etwas anderes, wenn du möchtest."

Stefanie hat ihre Arbeit vom Vortage beendet: Sie hat eine Katze und eine Giraffe geformt. In der Gruppe von Kerstin D. sind die Kinder den größten Teil des Vormittags selbständig mit selbstgewählten Materialien beschäftigt. Timo spielt mit den Einsatzzylindern, Fabienne untersucht mit einem Vergrößerungsglas Muscheln, Sara und Daniel spielen in der Puppenecke. Jedes Kind ist mit einer Arbeit beschäftigt, entweder allein an einem Einzeltisch, zu mehreren an Gruppentischen oder auf Spielteppichen auf dem Boden.

Zwei weitere Kinder, Jochen und Katrin, kommen in den Gruppenraum, begrüßen die Erzieherinnen und beginnen den Frühstückstisch herzurichten. Auf dem runden Tisch werden 4 Platzdeckchen ausgelegt, auf denen Teller, Tasse und Untertasse aus Porzellan sowie Besteck richtig angeordnet werden. In der Mitte des Tisches stehen eine Blumenvase mit Blumen und eine Kerze. Daneben stellen die Kinder eine Kanne mit Milch, welche Jochen zuvor aus der Kinderhaus-Küche geholt hat, und einen Ständer mit Servietten. Katrin stellt daneben noch einige Schälchen für den Fall, daß andere Kinder noch Müsli oder ähnliches mitbringen.

Auch das Spülbecken für das Spülen des Geschirrs wird von den beiden vorbereitet, bevor sie selbst jetzt endlich mit dem Frühstück beginnen können.

Stefanie hat sich unterdessen ein Material ausgesucht, bei dem mit Hilfe einer Pinzette Perlen in die Vertiefungen einer Seifenablage gelegt werden müssen.

Stefan hat sich spontan für das Schuhputzen entschieden. Er holt seine Schuhe, den Schuhputzkasten. Er zieht sich eine Schürze an, krempelt die Ärmel hoch und legt eine Unterlage vor sich auf den Boden. Seine Schuhe stellt er auf die Unterlage zu den benötigten Materialien und beginnt mit dem Putzen.

Melanie hat sich in der Zwischenzeit zu Sara und Daniel in der Puppenecke gesellt. Sie zieht alle Puppen aus, wäscht und bürstet die Puppen und die Puppenkleidung, und alle drei ziehen die Puppen gemeinsam wieder an.

Thomas hat sich die Gießkanne von der Fensterbank geholt und füllt sie mit Wasser, um die Pflanzen im Raum zu gießen. Auch das tut er aus freien Stücken, ohne daß ihn jemand dazu aufgefordert hat.

Dies gehört auch zur Pflege der Umgebung, wobei allerdings in diesem Fall die Erzieherinnen darauf achten müssen, daß die Pflanzen nicht zuviel und zu oft Wasser bekommen.

Maria Montessori begann mit ihrer Methode bei Kindern vom 3. Lebensjahr an. Sie teilte die Kinder in Altersgruppen von 3 bis 6 Jahren, von 6 bis 9 und von 9 bis 12 Jahren ein. Das heißt, daß die Kinder im Kinderhaus bereits in einer sogenannten „altersgemischten Gruppe" sind, und das bedeutet nichts anderes, als daß die Kinder in einer Gruppe im Alter von 3 bis 6 Jahren tagtäglich zusammen sind.

Da die rechtlichen Vorschriften und die verschiedenen Erziehungsmethoden vom Kinderhaus bis zum Schulabschluß nicht in allen Ländern gleich gehandhabt werden, kann auch die Altersgruppeneinteilung Maria Montessoris nicht immer und überall in allen Einzelheiten zur Anwendung kommen.

Wünschenswert ist es aber, daß die Kinder möglichst vom Kinderhaus über die Montessori-Grundschule bis zur weiterführenden Montessori-Schule gehen.

In einer solchen altersgemischten Gruppe bilden die geübteren (meist älteren) Kinder selbst einen wesentlichen Teil einer vorbereiteten Umgebung, die nach Maria Montessori so enorm wichtig für die Kinder ist, da sie den ungeübten Kindern jederzeit Hilfestellung geben können.

Ein anderer, ebenso wichtiger Teil der vorbereiteten Umgebung einer Gruppe ist die Einrichtung. Dies bedeutet unter anderem, daß alle Materialien immer für die Kinder zugänglich sein müssen und auch immer einen festen Platz im Gruppenraum haben. Hinzu kommt, daß sie auch immer für die Kinder so bereitgestellt werden sollen, daß die Funktion des Materials für das Kind bereits klar ersichtlich ist.

So befinden sich in einer Ecke eines gut eingerichteten Gruppenraumes die Regale mit dem *Material für die Übungen des praktischen Lebens,* in einer anderen die Schränke mit dem *Sinnesmaterial.* An einer Wand sind die *mathematischen Materialien* und an einer anderen die *Sprachmaterialien* angeordnet. In einer vorbereiteten Umgebung dürfen aber auch *Puppenecke, Bauecke, Wassertisch, Verkleideecke* und *Werkbank* nicht fehlen.

Jeder Gruppenraum oder jede Klasse ist eine „vorbereitete Umgebung", entwickelt für die zielgerichtete Aktivität der Kinder, um ihre Bedürfnisse entsprechend zu unterstützen.

Der Gruppenraum ist wie „ein Haus für die Kinder":
- Die Möbel sind leicht zu bewegen,
- Bilder hängen auf „Augenhöhe der Kinder" und
- die Pflanzen sind von den Kindern leicht mit Wasser zu versorgen.
- Die Spüle ist kein Spielzeug, sondern eine funktionsfähige, auf Kinderhöhe gefertigte Spüle.
- Es gibt viele mit Sorgfalt entwickelte Materialien, die dem natürlichen Interesse der Kinder entgegenkommen.
- Die Atmosphäre ist positiv, unterstützend und nicht konkurrierend.

Der Montessori-Gruppenraum ist so vorbereitet, daß Kinder gemäß ihrer Bedürfnisse ihre Ziele erreichen können, ganz gleich, ob wir es spielen oder arbeiten nennen.

Schrittweise erreichen die Kinder Fähigkeiten, die wir ihnen nicht zugetraut hätten, wie: intensive Konzentration, überraschend große Aufmerksamkeit, Anspannung, Genauigkeit und präzise Bewegungsabläufe sowie Ordnungssinn. Selbst bei kleinsten Kindern sind maximale Anstrengungen festzustellen. Weiterhin stellen wir fest: Selbstdisziplin und Respekt den anderen gegenüber, Zufriedenheit und Freundlichkeit sowie eine offensichtliche „Freude an der Arbeit".

Das Spielen ist „die Arbeit des Kleinkindes". Ziel der Bemühungen des Kindes ist der Weg zum „Erwachsensein". Die Kinder zeigen uns deutlich, sich selbst und ihre Umwelt kennenlernen zu wollen. Das Kind will seine Intelligenz entwickeln und lernen, seine Bewegungen zu kontrollieren und zu präzisieren, um selbst Eindrücke aus seiner Umwelt zu entdecken, aufzunehmen und zu ordnen, um dadurch unabhängig und verantwortungsbewußt zu werden. Wenn ein Kind mit einem bestimmten Material arbeiten will, wird es dieses selbständig nehmen und nach der Arbeit auch wieder an den gleichen Platz zurückstellen, ohne dazu besonders aufgefordert werden zu müssen.

Selbständigkeit und Anteilnahme an den Aktivitäten des täglichen Lebens können nur dann erreicht werden, wenn dem Kind die notwendige Freiheit zugestanden wird, seiner „innerlichen Stimme" bzw. seinen Bedürfnissen zu gehorchen. Das Kind wird aufgefordert, sich mit seiner Umgebung auseinanderzusetzen.

Die gesellschaftlichen Veränderungen der letzten 200 Jahre bedingen, daß die Übungen des praktischen Lebens zunehmend an Bedeutung gewinnen. So war in vorindustrieller Zeit ein gezieltes Angehen der o.g. Ziele nicht notwendig. Die Kinder erlernten die beschriebenen Fähigkeiten und Fertigkeiten im ständigen Zusammenleben mit Eltern und Geschwistern. Heute nimmt die Familie aufgrund der Trennung von Arbeitsstätte und Wohnung, der Berufstätigkeit vor allem der Mütter, dem Schulbesuch älterer Geschwister u. a. diese Erziehungsfunktion nicht mehr wahr. Die Erziehungsaufgabe wurde und wird zunehmend mehr an spezielle Einrichtungen wie Kinderkrippe, Kindergarten und Schule delegiert. Was früher in der Familie selbstverständlich war, wird dort geübt, und die Kindheit wird somit immer mehr zu einer „pädagogischen Veranstaltung".

Die allgemein heute vorherrschende Meinung der Eltern ist die, daß es die Kinder einmal besser haben sollen, als sie es selbst hatten. Mit Stolz wird davon gesprochen, daß „meine Kinder alles haben und auf nichts zu verzichten brauchen".

Die Kinderzimmer quellen heute über von multifunktionellen Spielsachen, Kindercomputern, Game Boys und Playstations, und obwohl materiell reich, sind unsere Kinder heute ärmer als je zuvor. Gekauft wird heute nur noch nach der Werbung in den Medien. Zeit ist Geld, und ohne Hektik und Streß kann der Alltag nicht gemeistert werden. Die Zuneigung unserer Kinder wird nicht selten „erkauft" durch Radio, Fernsehen und Video. Diese Geräte sind beliebte „Babysitter" geworden.

Wenn man einmal eingehend über unsere Lebensart und die unserer Kinder nachdenkt, wird man unschwer feststellen, daß es aller-

höchste Zeit wird, unseren Kindern die notwendigen Entwicklungs-
chancen anzubieten und somit die wesentlichen Grundlagen für eine
glücklichere Kindheit zu schaffen. Statt Einsatz materieller Dinge
muß man sich bemühen, den Kindern
– mehr Zeit,
– mehr Liebe und
– mehr Geduld
entgegenzubringen.

Eltern, die ihr Kind lieben und für ihr Kind Zeit übrig haben, werden die häusliche Umgebung immer attraktiv machen und einen
starken Aufforderungscharakter zum Mitmachen herstellen, um
dem Kind somit den Impuls zu geben, ein selbständiges Glied innerhalb der Familie zu werden und zu sein.

Wichtig sind dabei nicht nur die Umgebung, sondern auch die Eltern selbst. Eltern sollen ihren Kindern die notwendige Zeit lassen,
die Welt selbst und in einer selbstgewählten Geschwindigkeit zu
entdecken.

Durch den Überfluß an verschiedensten Medien und durch die
Berufstätigkeit beider Elternteile wird auch immer weniger Zeit
für ein gemeinsames Gespräch mit den Kindern aufgewendet. Die
effektiv zur Verfügung stehende Zeit wird in den meisten Fällen
vor dem Fernsehapparat zugebracht. Das aktive Zuhören und Sprechen miteinander, das Aufsagen von Kinderversen und Reimen sowie das Erzählen von Geschichten sind in den letzten Jahrzehnten
derart stark in den Hintergrund getreten, daß im Kinderhaus immer verstärkter Sprachverzögerungen bei den Kindern festzustellen
sind.

Aus der ganzen Welt kamen Besucher nach Rom, um in der ersten
Schule Maria Montessoris die sensationellen Ergebnisse bei Kindern
zu beobachten. Was die öffentliche Aufmerksamkeit auf sich zog,
war, daß Kinder aus analphabetischen Familien spontan zu lesen
und zu schreiben begannen, nachdem sie mit sehr einfachen Materialien, wie z. B. Sandpapierbuchstaben, an denen sie die Form der
Buchstaben kennenlernten, gearbeitet hatten. Mit dem beweglichen
Alphabet lernten die Kinder Worte zu bilden und mit den metalle-
nen Einsatzfiguren den Umgang und die Handhabung der Schreib-
materialien.

Wenn Kinder mit etwa drei Jahren in eine Montessori-Umgebung kommen, sind sie noch mitten in der Phase des Spracherwerbs. Sie haben einen großen Worthunger, und sie wollen ihren Wortschatz vergrößern. Sie haben von Natur aus das Bedürfnis, das Schreiben und Lesen zu erlernen.

Der Pädagoge, der sich dessen bewußt ist, daß die Sprache eine vitale, menschliche Ausdrucksform ist, weiß, daß sie nicht nur unterrichtet, sondern von den Kindern zunächst selbst kreiert wird. Der Auftrag des Pädagogen ist darin zu sehen, den Sprachbildungsprozeß durch ausführliche, genaue und reichhaltige Sprache anzubieten. Es handelt sich dabei um eine intelligente, inhaltsreiche Sprache, die Gefühle ausdrückt.

Das Sprachmaterial Montessoris bekommt große Bedeutung, weil es die Sprachbildung Schritt für Schritt erweitert. Kinder entdecken beispielsweise, daß Worte aus Klängen zusammengestellt sind, die durch geschriebene Zeichen sichtbar gemacht werden können. Sie entdecken, daß verschiedene Worte auch verschiedene Funktionen haben können und daß Sätze gewisse Strukturen haben. Diese Schlüssel leiten die Kinder zum Bewußtwerden der Muttersprache. Diese ist für sie von großer Wichtigkeit. Durch die Sprache erhalten sie den Zugang zur Welt und auch das Interesse, andere Sprachen zu erlernen. Die Erzieherin muß eigentlich nur geringfügig unterrichten. Vor den Kindern liegt ein unbegrenztes Gebiet, welches sie entdecken können. Dies gelingt ihnen durch die Schlüssel, die ihnen die phantastische Welt der Sprache anbietet.

In der Familie ist es besonders wichtig, den Kindern außer der notwendigen Zeit auch die Gelegenheit zu geben, bei der häuslichen Arbeit mitzumachen, z. B. beim Tischdecken, Spülen, Staubwischen, Kehren von Blättern, beim Holen und Bringen von Gegenständen u.v.a.m. Es ist selbstverständlich, daß die „Arbeiten" der Kinder niemals so perfekt sein können, wie wir es von uns selber erwarten, und hier stellt sich die Frage, ob das denn auch sein muß. Ein von unseren Kindern geputztes Fenster sollte von den Eltern auch „abgenommen" und so belassen werden, aber das strapaziert im allgemeinen unser Reinlichkeitsempfinden. Der Tisch sollte auch wirklich nur ein „Tisch" sein, ein Stuhl ein „Stuhl". Kinder wollen wissen, wie sie Gegenstände gebrauchen können und dürfen. Ihnen soll bewußt werden, daß sie nicht z. B. durch Klettern zweckentfremdet werden dürfen.

Ebenso wichtig ist die Verwendung von echtem Geschirr. Kunststoffgeschirr ist nicht geeignet, da die Kinder mit normalem Geschirr weitaus vorsichtiger umgehen, weil sie wissen, daß es zerbrechen kann.

So sind die *Übungen des praktischen Lebens* ein bedeutender Bestandteil der in den Kinderhäusern praktizierten Pädagogik Maria Montessoris. Sie resultieren aus den Schlüssen, die Maria Montessori aus einer Erfahrung zog, die jeder immer wieder machen kann, nämlich, daß Kinder im Alter zwischen 3 und 6 Jahren bestrebt sind, Tätigkeiten, die sie bei Erwachsenen beobachten, ebenfalls verrichten zu wollen.

Kinder besitzen die Fähigkeit zur Anpassung an die Umwelt. Die Übungen des praktischen Lebens, welche die Grundlage für die vorbereitete Montessori-Umgebung bilden, bieten eine gesunde und angenehme Reihe von Aktivitäten. Sie ermöglichen dem Kind,
- seine Motorik zu entwickeln und zu fördern,
- seine Umgebung bewußt wahrzunehmen und in sich aufzunehmen,
- die Entwicklung einer geistigen Ordnung,
- Initiativen zu ergreifen,
- Verantwortlichkeit zu übernehmen und
- viele andere Eigenschaften zu entwickeln, die nur durch spontane und zielgerichtete Aktivitäten erreicht werden können.

Für die Kinder steht nicht unbedingt das Ergebnis des Tuns im Vordergrund, sondern das Tun als solches; sie handeln aus Funktionslust. Der Drang, sich zu bewegen, ist ein Charakteristikum des Entwicklungsstadiums, in welchem sich die Kinder in diesem Alter befinden. Diesem Sachverhalt wird insofern in der Montessori-Pädagogik Rechnung getragen, indem in Form der Übungen des praktischen Lebens dem zentralen Betätigungs- und Bewegungsdrang lust- und sinnvolle Ziele gegeben werden, mit dem Zweck,
- die Kinder zur Analyse, Koordinierung und schließlich zur Harmonisierung und Ökonomie der Bewegung zu führen;
- die Kinder zur sozialen Selbst- und Fremdbestimmung, zu mehr Unabhängigkeit vom Erwachsenen und somit zu größerem Selbstvertrauen und Selbstwertgefühl zu führen;
- den Kindern die soziale Eingliederung und die Entwicklung einer verantwortungsvollen Haltung anderen gegenüber zu ermöglichen.

Nachdem Maria Montessori eine Zeitlang mit geistig behinderten Kindern gearbeitet hatte, begann sie 1907 in Rom ihre Laufbahn als Pädagogin im regulären Unterricht. Sie arbeitete mit einer Gruppe von fünfzig Kindern im Alter von drei bis fünf Jahren und hatte nur eine unerfahrene Assistentin, einen Klassenraum mit einfachen, bescheidenem Mobiliar, Materialien für die Übungen des praktischen Lebens sowie selbst entwickeltes Sinnesmaterial zur Verfügung.

Zum Erstaunen Dr. Montessoris wurden die kleinen Kinder durch die Sinnesmaterialien derart ergriffen, daß sie konzentriert damit arbeiteten und es spontan immer wieder neu zur Hand nahmen. Ihr ungezwungenes Tätigsein wurde deutlich verursacht durch Gegenstände, die ihrem inneren Drang, sich zu entwickeln, entgegenkamen.

Maria Montessori beobachtete die Aktivitäten der Kinder und machte sich darüber Gedanken, wie sie die Kinder weiter anregen und stimulieren könnte. Nach und nach entwickelte sie durch stete Untersuchungen weitere Sinnesmaterialien, die für die Erwachsenen nicht immer anziehend erscheinen, für die Kinder jedoch nicht besser sein konnten. Sie beobachtete, wie sich die Wechselwirkung zwischen den Kindern und deren Umgebung auswirkte, und achtete besonders exakt auf Auswahl oder Ablehnung von Materialien durch die Kinder.

Drei wichtige Entdeckungen Maria Montessoris sind also:

1. Die Polarisation der Aufmerksamkeit

Maria Montessori beobachtete im Kinderhaus erstmals das „Phänomen der Polarisation der Aufmerksamkeit", was entscheidend war für ihre spätere Pädagogik. Kinder besitzen die Fähigkeit, sich durch nichts stören zu lassen. Es entsteht eine tiefe, von innen kommende Bindung an einen Gegenstand. Dies fördert die Wiederholung einer Tätigkeit und ermöglicht das tiefe Eindringen und Verweilen bei dieser Beschäftigung auf freiwilliger Basis. Diese konzentrierte Tätigkeit hat eine normalisierende Wirkung auf das Kind. Es wird gelöster, heiterer und ausgeglichener. Eine solche Konzentration des Kindes kommt am besten zustande in einer didaktisch vorbereiteten Umgebung.

2. Die Sensiblen Phasen

Eine weitere wesentliche Entdeckung Maria Montessoris sind die sensiblen Phasen.

Dies sind bei Kindern Phasen besonderer Bereitschaft für den Erwerb ganz bestimmter Fähigkeiten, Tätigkeiten, Haltungen und Einstellungen, die unabhängig vom Alter des Kindes sind.

3. Der Absorbierende Geist

In der frühen Kindheit hat das Kind die Fähigkeit, intuitiv aus seiner Umgebung Eindrücke ganzheitlich in sich aufzunehmen. Dabei wählt es unbewußt jeweils nur das aus, was es zum Aufbau seiner Persönlichkeit braucht. Wichtig ist eine geordnete Umgebung, weil die Ordnung dem Kind hilft, seinen Geist zu entfalten.

Aufgrund der vorgenannten Entdeckungen und Erfahrungen kommt Maria Montessori zu ihrem erzieherischen Grundsatz:

Selbsterziehung des Kindes in einer didaktisch vorbereiteten Umgebung.

In der von Maria Montessori geforderten vorbereiteten Umgebung kann das Kind alle körperlichen und geistigen Funktionen üben, seine leibseelische Ganzheit erfahren und sich allseitig entwickeln. Die Materialien in dieser didaktisch vorbereiteten Umgebung ermöglichen dem Kind die geistige Entwicklung über manuelle Tätigkeit (Übungen des praktischen Lebens) und Erfahrungen mit den Sinnen (Sinnesmaterial).

Auch heute, nach fast 100 Jahren, werden Kinder immer noch unwiderstehlich von den Montessori-Sinnes-Materialien angezogen, die im Gruppenraum neben den Buntstiften, Ton, Farbe und anderen gebräuchlichen Dingen vorhanden sind.

Das Montessori-Material beeinflußt die Kinder zum selbständigen Lernen, da es sie zur spontanen Aktivität anregt. Dieses Aktivieren ist stets gekoppelt an die einzelnen Phasen ihrer Entwicklung.

Um zu gewährleisten, daß die Kinder optimal vom Material profitieren, müssen unbedingt bestimmte Bedingungen erfüllt werden. Besonders wichtig ist dabei, daß der Erwachsene in der Montessori-Umgebung sich in der Montessori-Pädagogik gut auskennt. Außerdem wird genaue Sachkenntnis hinsichtlich der Materialien, deren Anwendung, Möglichkeiten und Zielsetzungen vorausgesetzt. Das Material muß vollständig und sauber sein sowie einen hohen

Aufforderungscharakter haben. Natürlich müssen Qualität und handwerkliche Verarbeitung sehr solide sein; gleiches gilt natürlich auch für die Auswahl der verwendeten Rohstoffe. Diese Bedingungen erscheinen übertrieben, aber man wird schnell feststellen, daß gerade dadurch die Materialien auf die Kinder besonders anziehend wirken.

Für das Entdecken von Größenunterschieden gibt es im Gruppenraum beispielsweise den *rosa Turm*, bestehend aus Kuben von groß nach klein, die *braune Treppe*, bestehend aus Quadern von dick nach dünn, oder auch die *roten Stangen,* variierend von lang nach kurz. Die Entwicklung des Farbsinnes wird durch die Farbtäfelchen angeregt. Letztlich lernen die Kinder Farben, Farben zu mischen und auch Farbschattierungen zu unterscheiden.

Gleichermaßen wird im Kinderhaus auch beim Üben des Geschmacks- und Geruchssinnes verfahren. Auch hier versucht das Kind zunächst immer die beiden gleichen Geschmäcker oder Gerüche zuzuordnen, bevor sie benannt werden.

Der Gehörsinn wird ebenfalls auf die gleiche Weise geweckt. Mit entsprechenden Geräuschdosen und Glocken wird solange experimentiert, bis die Kinder gleiche Geräusche und gleiche Klänge einander zuordnen können.

Die Arbeit mit diesen Materialien fordert eine gewisse Ordnung und kommt fast einem Ritual gleich: Das Material wird von den Kindern aus dem Schrank oder Regal geholt, Flaschen, Geräuschdosen oder Glocken werden ausgestellt, gleiche Materialien werden entsprechend zugeordnet, oder es werden Reihen gebildet, die Materialien werden benannt, wieder zusammengeräumt und zurückgebracht.

Dieses systematische Arbeiten der Kinder fördert wiederum den Ordnungssinn, den die Kinder benötigen. Wir versuchen mit Hilfe der entsprechenden Materialien Maria Montessoris, den Kindern einen *Schlüssel zur Entdeckung der Welt* zu überreichen. Diese zeigen im Alltag die Anwendung dieser gelernten Fähigkeiten.

Das von Maria Montessori entwickelte Material umfaßt folgende Kategorien:
- die Materialien für die Übungen des praktischen Lebens,
- das Sinnesmaterial,
- das Schreib- und Lesematerial,
- das mathematische Material,
- das kosmische Material.

Einteilung der Übungen des praktischen Lebens
– Übungen zur Pflege der eigenen Person,
  wie z. B. Rahmen mit Verschlüssen, Hände waschen, Schuhe putzen u.v.a.m.,
– Übungen zur Pflege der Umgebung
  im Haus und außerhalb des Hauses,
  wie z. B. Geschirr spülen, Wäsche waschen, Blumen- und Pflan-
  zenpflege, Hof kehren, Gartenpflege u.v.a.m.,
– Übungen der sozialen Beziehungen,
– Übungen zur Kontrolle der Bewegung,
  wie z. B. Stilleübungen und Gehen auf der Linie.

Einteilung der Sinnesmaterialien
– Material zur Unterscheidung von Dimensionen,
– Material zur Unterscheidung von Farben,
– Material zur Unterscheidung von Formen,
– Material zur Unterscheidung von Oberflächen und Material-
  strukturen,
– Material zur Unterscheidung von Gewichten,
– Material zur Unterscheidung von Geräuschen und Tönen,
– Material zur Unterscheidung von Gerüchen,
– Material zur Unterscheidung von Geschmacksqualitäten,
– Material zur Unterscheidung von Wärmequalitäten,
– Material zur Unterscheidung von Temperaturleitfähigkeit.

Eigenschaften des Montessori-Sinnesmaterials
– In jedem Material wird eine Eigenschaft besonders hervorgeho-
  ben; diese wird gleichsam isoliert.
– Das Kind konzentriert sich auf eine Eigenschaft des Materials
  durch Isolierung eines Sinnes.
– Die durch ein Material isolierte Eigenschaft wird abgestuft darge-
  boten.
– Jedes Material ist so, daß eine einfache, genaue Einführung mit
  keinem oder nur wenigen Worten genügt.
– Jedes Material ist einer sensiblen Periode des Kindes zugeordnet.
– Jedes Material fordert zur Aktivität auf, besonders zum Tun mit
  den Händen.
– Jedes Material ist in bezug auf Menge und Größe begrenzt.
– Das Material fordert zur Wiederholung auf.
– Das Material hat einen starken Aufforderungscharakter für das
  Kind (– die Stimme der Dinge –).

– Das Material gibt Klarheit, weil es konkret ist.
– Bei der Arbeit mit dem Material gibt es eine Fehlerkontrolle.

Das Material hilft dem Kind, die Gegenstände in seiner Umgebung zu unterscheiden und in seinem Geist zu ordnen, denn es macht das Kind auf grundlegende, elementare Eigenschaften der Dinge aufmerksam.

Nach längerem, intensiven Üben und sicherem Umgang mit dem Material werden die Namen in Form der Dreistufenlektion angeboten.

– Die Darbietung muß *klar und eindeutig* sein.
– Die Bewegungen müssen sehr *langsam* und vor allem *deutlich* sein.
– Es wird so *wenig* wie möglich gesprochen.
– Wichtig ist der *ungehinderte* Kontakt zwischen Kind und Material.
– Es wird der *vollständige* Ablauf einer Materialeinführung gezeigt.
– Wenn das Kind die Tätigkeit selbständig übernommen hat, entfernt sich der Erzieher. Das Kind wird aus der Entfernung weiterhin *beobachtet*.
– Arbeitet das Kind nicht richtig, darf es *nicht getadelt oder entmutigt* werden. Die Darbietung wird später wiederholt.
– Das Kind wird *nie gezwungen*, die demonstrierte Darbietung zu wiederholen.
– Das Kind kann sinnvolle und dem Zweck des Materials entsprechende *Variationen und Kombinationen* finden.
– Einführungen können entweder einem *einzelnen* Kind oder *mehreren* Kindern gleichzeitig gegeben werden. *Eine Einzellektion hat aber ein größeres Gewicht.*

Zurück zum Mittwochmorgen, zurück ins Montessori-Kinderhaus der Schutzengelpfarre:

Kerstin D. beobachtet Fabienne, die sich immer noch mit Vergrößerungsglas und den Muscheln beschäftigt. „Ich glaube, dein Glas ist beschlagen", sagt Kerstin. „Wenn du es mit einem Tuch sauber machst, kannst du auch wieder besser sehen."

Jochen hat in der Zwischenzeit sein Frühstück beendet, sein Geschirr gespült und abgetrocknet und es wieder auf den Frühstückstisch zurückgestellt.

Timo rollt einen Arbeitsteppich auf dem Boden aus, und Jochen, der nun hinzukommt, holt die 10 in der Länge variierenden Nume-

69

rischen Stangen aus dem Regal. Der kleinste Stab ist zur Gänze rot, während die anderen Stäbe abwechselnd blaue und rote Abschnitte haben.

Nach den zurückhaltenden Anweisungen Kerstins legen die beiden erst einmal alle Stäbe mit den roten Abschnittsflächen zum Rand des Teppichs und dann anschließend in der richtigen Reihenfolge von lang nach kurz, so daß eine Treppe entsteht. Sie beginnen zu zählen: eins, eins zwei, eins zwei drei, usw.

So ganz von selbst können die beiden das noch nicht, aber auch hier wird von selbst Abhilfe geschaffen: Der 6jährige Thomas hilft den beiden, bis sie es selbst können.

Sandra und Dominik haben in der Zwischenzeit auf einem Teppich Zahlenkarten ausgelegt, und zwar vom rechten Teppichrand her beginnend untereinander die Einerreihe von eins bis neun, daneben die Zehnerreihe von 10 bis 90, anschließend die Hunderterreihe von 100 bis 900 und anschließend daneben die Karte mit der Zahl 1000.

Auf einem zusätzlichen Teppich befindet sich ein Tablett mit dem goldenen Perlenmaterial.

Dominik gibt Sandra eine Anzahl Perlen der verschiedenen Kategorien. Sandra zählt die Perlen jeder einzelnen Kategorie, nämlich vier Einerperlen, zwei Zehner-Perlenstäbchen und drei Hunderterquadrate und legt jeweils zur Anzahl die entsprechenden Zahlenkarten hinzu.

Sie legt nun die Zahlenkarten aufeinander und kann somit das Ergebnis ablesen.

„Du hast mir 324 Perlen gegeben", sagt Sandra zu Dominik und beginnt nun ihrerseits, Dominik Perlen für eine neue Rechenaufgabe zu geben.

Im Kinderhaus schließt sich das grundlegende mathematische Material eng an das Sinnesmaterial an. So haben beispielsweise die blauroten Numerischen Stangen des Mathematikmaterials dieselbe Gestalt und Abmessung wie die roten Stangen des Sinnesmaterials. Das Kind gewinnt Zahlenvorstellungen und gelangt zum Zählen, es gewinnt Einsicht in die Struktur des Dezimalsystems und erfährt das Wesen der Grundoperationen (Goldenes Perlenmaterial).

Das mathematische Material Montessoris entspricht den sensomotorischen Bedürfnissen des Kindes. Der Umgang mit diesem Material hilft dem Kind zu faszinierenden Entdeckungen und ermöglicht zugleich eine exakte Einführung in die Mathematik. Nach der genauen Unterweisung in den Umgang mit dem mathematischen Material durch die Leiterin gelangt das Kind durch vielfältige wiederholende Übungen zu grundlegenden Einsichten. Lange Übungsphasen ermöglichen es ihm, selbständig zu abstrahieren und die gewonnenen Einsichten anzuwenden. Mit dem konkreten Material können auch jüngere Kinder Aufgaben lösen, die auf den ersten Blick als schwer erscheinen. Dabei kann ihm das Sinnesmaterial Montessoris eine große Hilfe sein, weil es ihm „materialisierte Abstraktionen" bietet. Wenn das Kind vergleicht, ordnet, zählt, mißt, rhythmisiert usw., handelt es sich schon um Äußerungen der Mathematik.

Anne, Jasmin und Karin kommen aus dem Nebenraum und legen ihre Malblätter in ihre Schubladen. Dann gehen sie gemeinsam zum Regal, in dem die Materialien für die Übungen des praktischen Lebens stehen.

Karin und Jasmin nehmen ein Tablett mit zu einem Tisch und beginnen dort, mit Hilfe von verschiedenen Zangen Korken von einer Glasschale in eine andere zu bringen. Anne hat sich ein anderes Tablett genommen, mit dem sie zum Tisch ihrer Freundinnen geht. Sie schüttet Sand von einer Glaskanne in eine andere; eine Vorübung zum Wassergießen.

Es ist herauszustellen, daß „Übungen mit Wasser" in sich anders sind als das „Experimentieren mit Wasser". Beide Möglichkeiten müssen nebeneinander einhergehen und auch von den Kindern ausprobiert werden.

Das Experimentieren mit Wasser am Waschbecken, in der Badewanne, im Planschbecken oder am eigens im Kinderhaus dafür vorgesehenen Wassertisch erfordert natürlich Raum und viel Platz. Dabei dürfen Hilfsmittel durchaus auch aus Kunststoff sein, nicht aber bei den Übungen mit Wasser. Bei diesen gießt das Kind bewußt und mit Bedacht Wasser von einem Gefäß in ein anderes, möglichst ohne etwas zu verschütten. Das Kind möchte ausprobieren, mit Wassermengen zu hantieren und diese auf verschiedene Gefäße zu verteilen, in breite und schmale Öffnungen einzugießen, undurchsichtige Gefäße zu füllen oder auch mit Hilfe einer Pipette oder eines Trichters Gefäße zu füllen.

71

Diese Übungen haben letztlich das Ziel, bei den Kindern die Fähigkeit zu entwickeln, aus einer Milchkanne, Kaffeekanne, Literflasche oder einem Tetrapack Getränke eingießen zu können oder aber auch das Gießen der Pflanzen mittels einer Gießkanne zu beherrschen.

Zur gleichen Zeit arbeitet Magnus auf einem Teppich mit dem Beweglichen Alphabet. Er holt sich Gegenstände aus der Umgebung herbei und stellt daneben mit den Buchstabenkärtchen den Namen des betreffenden Gegenstandes zusammen.

Mittlerweile ist es 10.45 Uhr. Eine der beiden Erzieherinnen spricht mit den Kindern. Nach weiteren 5 Minuten verläßt sie mit 9 Kindern, nachdem diese aufgeräumt haben, den Gruppenraum. Sie gehen zum gemeinsamen Turnen in den Turnraum.

Unterdessen ist es in der Gruppe merklich ruhiger geworden. Nach und nach beenden die Kinder ihre Arbeiten und finden sich zu einem Kreis in der Mitte des Gruppenraumes zusammen. Die Gruppenleiterin betrachtet mit ihnen zusammen ein Bilderbuch. Ohne großartig aufgefordert worden zu sein, erzählen die Kinder ganz von selbst, was sie auf den Bildern sehen.

11.30 Uhr – alle Kinder treffen sich im Flur, ziehen ihre Schuhe und Jacken an und gehen gemeinsam nach draußen auf den Spielplatz. Dort wird ausgelassen gerannt, geklettert, Fahrrad gefahren. Einige der Kinder beschäftigen sich mit dem Wasserlauf: Sie lassen Wasser aus der Pumpe über den Matschtisch in den Sand laufen und versuchen so, Wasser aufzustauen.

Inzwischen ist es einige Minuten vor 12.00 Uhr. Es bereitet einige Mühe, die Kinder wieder zusammenzubringen, und doch – auch dies gelingt letztlich relativ schnell. Im Flur wird die Kleidung gesäubert; die Hände werden noch gewaschen, und dann kommen die Mütter (und vereinzelte Väter und Großeltern) ihre Kinder abholen.

Ein ganz normaler Vormittag im Kinderhaus ist beendet.

Alles lief in der Gruppe in einer ruhigen und harmonischen Atmosphäre ab. Die Kinder arbeiteten ruhig und konzentriert mit den von ihnen selbst und frei gewählten Materialien. Auffallend war, daß sich die Kinder auch für die Arbeiten der anderen interessierten und ab und zu auch von selbst ungefragt helfend oder korrigierend eingriffen. Es ist unschwer festzustellen, daß sich Kinder untereinander genauso gut helfen, wie Erwachsene das tun können.

Das Kind hat ein Recht auf Spontaneität und freie Entfaltung. Zum Erstaunen vieler Erwachsener lernt das Kind in dieser Freiheit; es läßt sich weder stören noch ablenken und benötigt absolut keine Hilfestellung durch die Erwachsenen. Wir sollen ihm nur zeigen, wie es geht. Die einzige Forderung, die das Kind an uns Erwachsene stellt, heißt:

„Hilf mir, es selbst zu tun."

4. Montessori-Pädagogik in der Grundschule

Hildegard Amelunxen

Montessori-Pädagogik in der Grundschule – nein, das ist mir zu wenig. Es ist der Trend der Zeit, „etwas" zu machen, und in der Grundschule bedeutet das „etwas" Montessori-Pädagogik, „etwas" Peter-Petersen, „etwas" Freinet. Nebenher Wochenplanarbeit, Projektarbeit, Musikförderung. Nicht zu vergessen: Verkehrserziehung, Sexualerziehung, Umwelterziehung.

Von allem ein bißchen. Und so heißt die gängige Diktion, der Zeit entsprechend: „ein Stück weit", „hineinhören" (zum Zuhören fehlt die Zeit), „Workshop", „ein Thema anreißen", „andiskutieren". Hauptsache, es maßt Spaß! Uns selbst und unseren Kindern.

Montessori-Pädagogik in der Grundschule. Ich will mehr. Ich will eine Montessori-Schule. Ich weiß, daß dies ein Ziel ist, das ich nie erreichen werde. Keine Utopie, aber ein Ziel, das sich in dem gleichen Tempo wie ich fortbewegt, dem ich mich annähern kann, das mich täglich zu neuen Versuchen und Bemühungen anspornt.

Warum das Ganze? Das frage ich mich auch oft. In Stunden der Einsamkeit. Wozu? Weil ich nicht anders kann. Weil, hier spreche ich für mich, nur so Schule zu machen ist, die eine *Schule des Kindes* ist.

Ich gehe diesen Weg nicht nach meinen eigenen Vorstellungen. Es ist nicht etwas, das ich mir ausgedacht habe oder das „mir Spaß macht". Letzteres auch, obwohl ich das Wort Freude vorziehe.

Wie sieht eine Montessori-Schule aus, wenn sie eine Schule des Kindes sein soll? Sie sieht nicht so aus, wie *ich* sie mir vorstelle. Ich bin nicht der Maßstab. Es ist das Kind, von dem Maria Montessori sagt, daß es der „Vater der Menschheit", der „Baumeister der Welt" ist. Das alle Kraft der Welt, alle Fähigkeiten hat.

Wie muß eine Montessori-Schule sein, um dem Kind alle Möglichkeiten zu geben, sich zu entwickeln? Maria Montessori sagt es so: Wir müssen dem Kind geben, wessen es bedarf.

Das heißt: Was es lebensnotwendig braucht. Wir haben uns daran gewöhnt und stellen es kaum in Frage, daß wir dem Kind geben, was *wir* für richtig halten. Wir denken, wir können beurteilen (darin steckt das Wort „Urteil"), was es nötig hat. Keiner kann das. Auch Maria Montessori nicht. Das kann allein das Kind. Und so tat sie nichts anderes, als das Kind beobachten. Welch ein Respekt steckt darin. Sie tat es ohne eigene Vorgabe und war erstaunt – und sicher oft erschüttert –, was das Kind ihr ohne Worte verriet. Der Satz eines Kindes zu seiner Lehrerin in Velbert, den ich oft erwähne, wird selten verstanden: „Ich habe dich so lieb, weil du mir nie hilfst."

Maria Montessori sah die Bedürfnisse des Kindes, und diesen entsprechend antwortete sie. Sie schuf ein Material, das nicht Unterrichtsmaterial, Übungsmaterial, Anschauungsmaterial, sondern *Entwicklungsmaterial* ist.

Sie erkannte, daß nur in selbstgewählter Eigentätigkeit das Kind einem Inhalt begegnen kann, ohne die Person eines Lehrers, die sich dazwischenschiebt mit Erklärungen, Hinweisen, Anteilnahme, Ansporn, Lob oder Tadel.

Sie verbannte das Lernen im Wettkampf durch ein Umfeld, in dem Kinder unterschiedlichen Alters sich begegnen und arbeiten. Daß dann Beurteilungen und Zensuren überflüssig werden, versteht sich von selbst.

Montessoris Ansatz verlangte eine ganz andere Lehrerpersönlichkeit. Eine, die Augen hat, in dem Kind den „Vater der Menschheit" zu sehen, und in diesem Bewußtsein dem Kind begegnet, nicht gönnerhaft, nicht indem man sich auf die Stufe des Kindes herabläßt, noch indem man hoch über ihm steht. Sie verlangte nicht nur Respekt, sie verlangte Liebe.

Eine tägliche Herausforderung für mich, die ich mit meinem eigenen Frust belastet bin. Die manchmal Sicherheiten schätzt, den Kopf voll hat, Vorlieben und Abneigungen kennt. Eben ein ganz gewöhnlicher Mensch. Das ist die Herausforderung. Die ich nicht bewußt suchte, die mir zufällig begegnete, wenn es Zufälle gäbe. Die mich einfing und nicht mehr losläßt.

Eine Schule des Kindes machen, eine Montessori-Schule.

Jeden Tag neu.

Dabei, und da bleibt mir keine andere Wahl, orientiere ich mich an dem, was Maria Montessori entdeckte, indem sie das Kind beobachtete. Was nicht meine eigene Beobachtung einschränkt, die aber, wie ich bald feststellte, mit der Montessoris übereinstimmt. Das

Kind verrät mir jeden Augenblick, selten mit Worten, mehr noch mit Gesten, Blicken, ja, zunehmend spüre ich es einfach, was es braucht.

„Hilf mir, es selbst zu tun", sagte ein Kind zu Maria Montessori. Wenn ich nicht aufpasse, halte ich es umgekehrt, stelle dem Kind Fragen, deren Antworten ich weiß, biete Hilfe an, wo das Kind allein entdecken will, oft nur, um den Lernweg abzukürzen oder Fehler zu vermeiden. Ich frage: „Hast du keine Arbeit?", wo das Kind allein gelassen sein will, weil es mit irgend etwas beschäftigt ist, das ich nicht wahrnehmen kann. Ich lobe unbedacht, wo das Ergebnis einer Arbeit in sich allein der höchste Lohn ist, und tadele, weil in meinen Augen etwas nicht so gerät, wie ich es für richtig halte. Ich helfe, um dem Kind zu zeigen, daß ich an seiner Arbeit interessiert bin, weil ich es liebe – und gerade deshalb müßte ich es lassen. Das ist meine tägliche Herausforderung, eine Balance, die eines wachen Geistes bedarf. Ein Blick des Kindes, eine Handbewegung, ein Schulterzucken holen mich sofort in die Realität, wenn ich achtlos bin.

Die einzelnen Axiome, die Maria Montessori aufstellte, verzahnen sich. Ich kann nicht auf eins verzichten, weil ich „im Augenblick noch nicht so weit bin". Die jahrgangsübergreifende Klasse ist ebenso unverzichtbar wie die freie Wahl der Arbeit, das Montessori-Entwicklungsmaterial wie die vorbereitete Umgebung und ihre Ordnung. Meine eigene Beobachtung des Kindes, das Studium der Literatur, die Kenntnis des Materials – gebe ich eins auf, dann entziehe ich dem Kind und damit auch mir ein Stück Boden.

Ich beraube es an einer Stelle der Möglichkeit, sich selbst zu begegnen, sich zu entdecken und damit die Welt. Es ist wie bei einem Strickzeug. Lasse ich eine Masche fallen, gebe ich eins dieser Axiome auf, dann laufen auch die anderen Maschen, eine nach der anderen. Und unversehens wird aus einer *Schule des Kindes* eine *Schule für das Kind*.

Wie es in einer Schule des Kindes, in einer Montessori-Schule zugeht? Ich will ein Beispiel erzählen, in dem das deutlich wird, was ich zu erklären versuche. Ich gebe zu, es ist ein wenig extrem. Aber gibt es das überhaupt: „extrem", „normal"?

„Jeder hat das Recht, er selbst zu sein", überschrieb einmal Hans Elsner seinen Beitrag zur Montessori-Pädagogik. Jeder hat das Recht, er selbst zu sein. Nicht nur in der Montessori-Schule.

Abb. 1

Till hat gerade sein 147. Bild gemalt. Woher ich das genau weiß? Nun, er malt jeden Tag eins und zeigt es mir dann. Bei einem halben Jahr Schulzeit ergibt das 147 Bilder. Die Sonntage mitgerechnet. Aber dafür malt er an manchen Tagen zwei. So gleicht sich die Rechnung wieder aus.

Gewiß habe ich versucht, sein Interesse in Richtung Kulturtechniken zu lenken. Till hörte mir geduldig zu – wenn es nicht zu lange dauerte. „Jetzt male ich ein Bild von einem Dinosaurier." So gab er mir höflich zu verstehen, daß er nur meinetwegen seine Arbeit unterbrochen hatte. Ich wurde den Vergleich mit einem Hund nicht los, der gelegentlich gebadet werden muß, sich nach der Prozedur schüttelt und erlöst dem zuwendet, was sein Leben ausmacht. Wer badet seinen Hund schon öfter als unbedingt nötig?

Das 147. Bild zeigte eine Tropfsteinhöhle (Abb. 1). Der sichere kräftige Strich gab nur das Wesentliche wieder, der Duktus war der eines Erwachsenen. Ich sah meine Chance und war bereit, sie zu nützen. „Weißt du eigentlich, wie die Tropfsteine heißen, die von oben wachsen und die von unten?" Till wußte es nicht. M und T – hier hatte ich einen Fuß in der Tür. Ehe Till es sich anders überlegen konnte, hatte ich Stalagmit und Stalagtit auf die Rückseite des Blattes geschrieben, M und T in rot.

„Warum machst du das rot?" Eine kurze Lektion, daß die Stalagtiten von der Decke der Höhle nach unten wachsen, so wie das T nach unten hängt, und die Stalagmiten wie das M nach oben zeigen, schloß sich an. Ich gebe zu, kein besonders glücklicher Einstieg, um zwei Buchstaben einzuführen. Egal.

„Wie kommen denn die Tropfsteine überhaupt dahin?" Ich zeichne – wieder auf der Rückseite des Blattes – eine Höhle, längst nicht so gut wie Till, und male darüber den Erdboden mit Gras, Blumen und einem Paar Stiefel – für das ganze Kind ist kein Platz mehr (Abb. 2). Zwischen Erdoberfläche und Höhle färbe ich eine Schicht gelb ein und schreibe in Blockbuchstaben Kalk dazu. Meinen 2. Versuch, Buchstaben ins Bild zu bringen, ignoriert Till völlig. „Und dann?" Ich lasse es in Blau auf das Gras regnen. Till nimmt mir den Stift aus der Hand, als ich mich drangebe, das Wasser im Boden versickern zu lassen. Die von ihm gemalten Rinnsale erreichen die Kalkschicht. Jetzt bin ich wieder an der Reihe. Das Wasser nimmt den Kalk aus der Schicht, transportiert ihn nach unten und lagert ihn an der Höhlendecke ab. Ein Zapfen entsteht durch tropfendes Wasser. Bei starkem Regen rinnt es den Zapfen entlang und tropft auf den Höhlenboden. Von dort wächst in Millionen Jahren ein zweiter Zapfen dem ersten entgegen.

„Ich habe mal in einer Tropfsteinhöhle eine Säule gesehen, die aus einem Stalagmit und einem Stalagtit zusammengewachsen war", mischt sich die 9jährige Christiane über meine Schulter hin ein. „Wie kommt denn der Kalk dahin?" fragt Till. Das Devon-Meer kommt ins Spiel. Ich kann es nicht lassen, ich schreibe den Namen auf das Blatt. „Wieso Devon-Meer?" Ich erzähle von dem Meer, das vor 35 Millionen Jahren weite Teile Deutschlands bedeckte, zum Beispiel in der Eifel bei Gerolstein. „Gerolstein kenne ich", sagt Melanie, die plötzlich neben mir steht, „da gibt es Versteinerungen." Ich erzähle, wie das seichte Devon-Meer sich erwärmte, die Meerestiere, Muscheln, Korallen, Trilobiten abstarben und ihre Skelette und Schalen auf den Meeresboden sanken. „Und?" – „Ist doch klar", sagt Christiane, „mein Skelett besteht doch aus Kalk, deins auch, Till." Während Christiane Till erklärt, was die Meeresfauna mit Kalk zu tun hat, habe ich Zeit, einen Querschnitt des Devon-

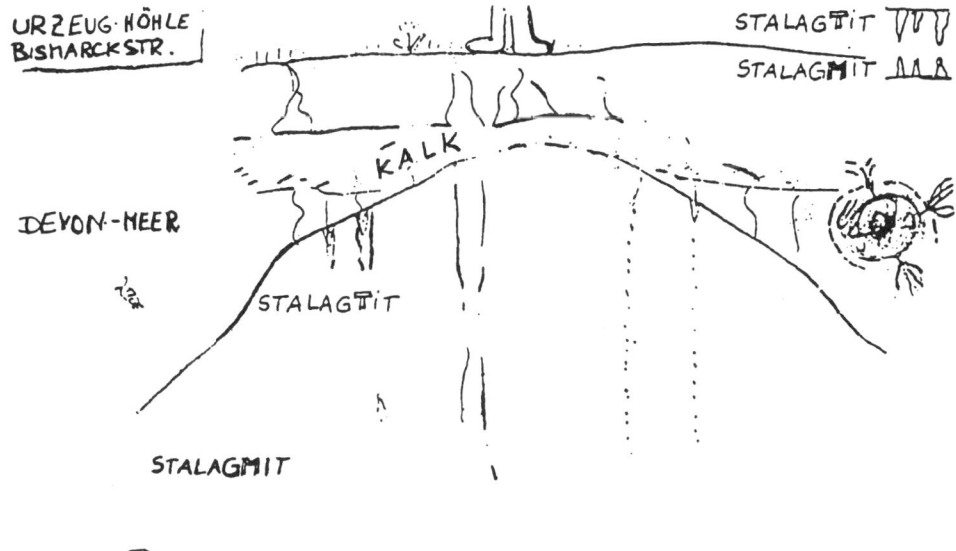

URZEUG·HÖHLE
BISMARCKSTR.

STALAGTIT

STALAGMIT

KALK

DEVON-MEER

STALAGTIT

STALAGMIT

TROPF- STEIN - HÖHLE

Abb. 2

Meers auf dem Blatt zu skizzieren. „So sieht aber kein Trilobit aus", meint Till und verwandelt mit ein paar Strichen meinen nur unzureichenden Versuch eines „Urtieres" in einen Trilobiten.

„In der Provence stand auch das Devon-Meer", sage ich zu Nikolai, der mit einer Rechenaufgabe neben mir wartet. Ich weiß, daß der Junge regelmäßig in St. Paul de Vence seine Ferien verbringt. „Da habe ich aber noch keine Versteinerungen gefunden." Er ist aber bereit, die Kalkberge in der Nähe seines Urlaubsortes als fossile Ablagerungen zu akzeptieren. Anuschka, ebenso alt wie Till, hält es nicht länger aus. Sie beginnt, von einem Bären zu berichten, dessen frische Fußstapfen sie in einer Höhle sah. Eine Zeitlang darf sie ungestört ihre phantastische Geschichte erzählen, dann lenkt Till das Gespräch wieder in seine Richtung. „Warum wurde das Devon-Meer warm?" Wir reden noch lange über Eruptionen, Erdschollen, den St.-Andreas-Graben. Meine Zeichnung von der Erde, bedeckt mit Vulkanen, ähnelt stark der des kleinen Prinzen von Saint-Exupéry

Abb. 3

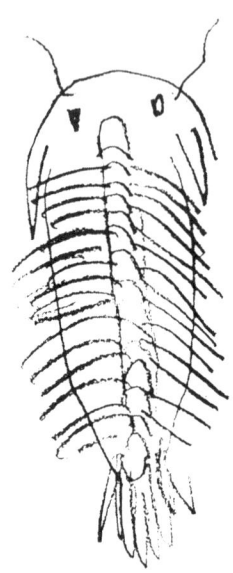

† R i L O B i T

und spricht die Kinder gleich an. Ich sitze mit dem Blatt auf den Knien, die fünf stehen um mich herum, die anderen lassen sich nicht bei der Freiarbeit stören. „Wollt ihr eigentlich heute keinen Kakao trinken?" fragt Isabelle, als wir gerade von der „Urzeughöhle" sprechen, jenem Laden, der Mineralien, Fossilien und Artefakte anbietet. „Wann kann ich dahin gehen?" fragt Till und gibt erst Ruhe, als ich „morgen in der Freiarbeit" sage.

Am nächsten Morgen heißt die Alternative: „Urzeughöhle" oder Rodeln. Für Till und ein paar andere keine Frage. Unglücklicherweise hat gerade an diesem Tag der Laden geschlossen. Wir erfahren es, als wir müde und zufrieden vom Herkulesberg zurückkommen. „Dann gehen wir eben morgen", tröstet sich Till. Als ich nach Schulschluß das Fenster öffne, sehe ich auf der Fensterbank eine Schieferplatte liegen, in die ein riesengroßer Trilobit gekratzt ist. Tills 148. Bild.

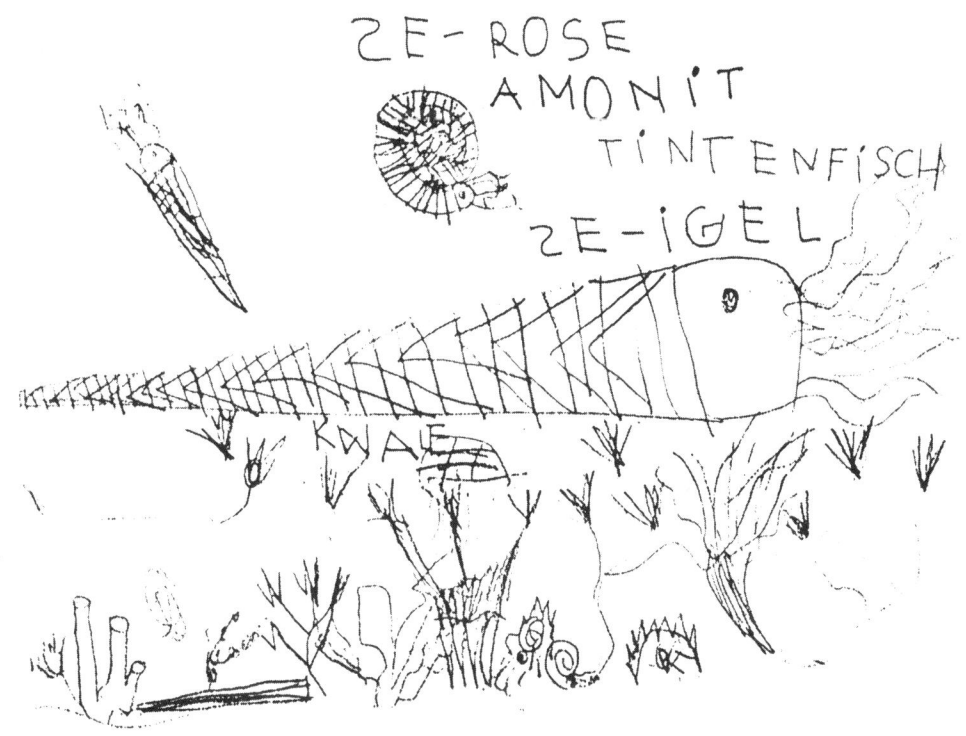

Abb. 4

Fortsetzung nach einigen Tagen: Ich habe Till überlistet! Er kam dazu, als ich gerade Julia und Monika eine Lektion mit dem Phonogramm „ei" gab. „Hier", mischte er sich ein und hielt mir – wie es seine Art ist – eine Zeichnung unter die Nase, „hier, daran kannst du mit Monika lesen üben." Das ging zu weit. „Du schreibst die Namen neben die Tiere, und sie liest es dann." Ausgerechnet Till verteilt Ratschläge, wie andere lesen lernen sollen! Das Bild zeigte, wie immer virtuos gezeichnet, Meeresfauna und -flora.

„Mal mir einen Trilobiten", lenke ich Till ab und wende mich nach der Störung wieder den beiden Mädchen zu. „Da", schon hält er mir das 2. Blatt vors Gesicht. Ich hätte es wissen müssen. Einen Trilobiten zeichnet Till in 20 Sekunden. „Es ist eine andere Sorte", meint er (Abb. 3). Noch gebe ich unser Phonogramm nicht auf. „Schreib Trilobit dazu." Ich drücke ihm einen Stift in die Hand, und Till fängt an: „T ... was kommt jetzt?" Er lautiert „TRRR ... wie schreibt man R?" Ich stutze. „So." – „Jetzt I", sagt Till, und mit derselben Sicherheit, mit der er bei seinen Zeichnungen den Stift führt, setzt er das I hinter das TR. Von nun an ist das Phonogramm vergessen. Beim O zögert Till kurz, aber er schreibt weiter. Die Klippe taucht beim I auf. Es dauert einen Augenblick, bis ich die Schwierigkeit erkenne. Ein zweites I in ein und demselben Wort! Till staunt, daß es so etwas gibt. Erneut beim T am Schluß des Wortes. Ehe sich die Angelegenheit zum Problem ausweitet – bei Till weiß man nie –, ergreife ich die Initiative. „Trilobit fängt mit T an und hört mit T auf." Till akzeptiert das mit einem Kopfnicken. „Jetzt Ammonit", sagt er, und schon steht das A neben der entsprechenden Zeichnung (Abb. 4). Beim Tintenfisch entwinde ich den Stift seinen widerstrebenden Fingern, denn das SCH kann er wirklich nicht schreiben.

Bei Seeigel und Seerose lanciere ich je einen Bindestrich zwischen die beiden zusammengesetzten Substantive. Damit nicht Seigel entsteht, eine Neuschöpfung, mit der Tills Eltern überfordert wären. Dazu kommt es gar nicht. „Willst du die Blätter haben?" fragt Till, als er mit einem „Zack, Zack" die Striche ans letzte E gesetzt hat. Dann läuft er hinter den anderen her, die bereits nebenan frühstükken, und läßt mich allein zurück, um eine Erfahrung reicher.

„Wir sind auf dem Weg, eine Montessori-Schule zu werden", pflegte Hans Elsner, der ehemalige Leiter und Gründer der Montessori-Schule Gilbachstraße in Köln, zu sagen. Aus diesen Worten spricht ein großer Respekt. Er billigt den Erziehenden, sich eingeschlossen, dasselbe Recht wie den Kindern zu, das Recht auf Entwicklung, auf ungestörtes Lernen, das Recht, Fehler zu machen und jeden Tag neu anzufangen. Unter einer Bedingung: das Kind und seine Bedürfnisse nicht aus dem Auge zu lassen.

5. Lernszenen aus einer Montessori-Grundschule

Hans Elsner

Jeder weiß: Lernen findet nicht nur in der Schule statt. Lernen gehört zum Leben vom Anfang bis zum Ende. Ja, Lernen ist Leben oder auch umgekehrt.

Nach Maria Montessori ist das Lernen der Kinder wie ein zweckfreies Tun. „Die Kinder verfolgen offensichtlich nicht den Zweck ‚zu lernen', wenn sie bei einem Gegenstand verweilen; sie sind durch die Bedürfnisse ihres inneren Lebens daran gebunden, das sich durch sie organisieren und entwickeln muß. Auf diese Weise beginnen sie ihr ‚Wachstum' und setzen es fort. Durch diese Haltung ordnen sie ihre Intelligenz und reichern sie allmählich an."[1]

Aus der Vorschulzeit ihrer Kinder ist den Eltern bekannt, daß auf „diese Weise", wie Montessori sagt, ihre Kinder lernen. Sie wissen, daß sie besonders leicht, besonders sicher und besonders schnell lernen, wenn sie es ohne Programm und alleine tun können. Montessori sagt uns in ihrer Pädagogik, wie sie diesen Weg auch in der Schulzeit gehen können.

Jahrgänge

Montessori löst den Lernblock der Jahrgangsklasse auf und richtet stattdessen Klassen mit naturgegebenem Altersgefälle ein. Lernen in Jahrgangsklassen benutzt immer den Ellenbogen, um Unterschiede zu schaffen.

Gemischte Jahrgänge sind dagegen wie Gartenerde für Blumen, eine Voraussetzung für gemeinsames Wachsen in Vielfalt. Bei einer Klasse von Kindern ist es außerdem die natürliche Voraussetzung für gesellschaftsbezogenes Üben der sozialen Tugenden.

---

[1] Montessori, M.: Schule des Kindes, Freiburg 1976, S. 207.

Material

Montessori gibt den Kindern ein Arbeitsmaterial in die Hand, das ihnen eine Hilfe für ihre ganzheitliche Entwicklung ist. Es ist normal, daß Kinder rechnen, schreiben, lesen lernen wollen. Sie möchten es möglichst gut und richtig können.

Welches Kind will schon nicht lernen? Aber auch das Lernen gehört zur ganzheitlichen Entwicklung. Es ist nicht zu trennen von dem, was wir Wachstum nennen.

Vorbereitete Umgebung

In der Montessori-Klasse findet das Kind eine vorbereitete Umgebung. Sie soll dem Kind die besten Entwicklungsbedingungen bieten. Es findet das, wessen es zu seiner „Vervollkommnung" bedarf. Dazu gehören das Lernmaterial für die Mathematik so gut wie das für die Biologie, für Religion als auch für Kunst, Astronomie oder Satzzerlegung. Bei aller Zubereitung entscheiden die Sachbezogenheit und die maßvolle Begrenzung. Gerade in der bewußten Beschränkung der Hilfsmittel liegt eine Führung zu sozialem Verhalten. Kinder müssen warten lernen. Beginn und Ende einer Arbeit werden dadurch bewußt gemacht, daß Absprachen, Überlegungen unter ihnen getroffen werden müssen. Respekt voreinander, vor der Arbeit des anderen wird zur Übung. Für diese Art des Lernens, die durch die vorbereitete Umgebung eine bewußte Führung erhält, ist die Art und Weise, wie mit dem Material gearbeitet wird, in besonderem Maße eine soziale Führung. Das Besondere daran ist aber, daß die Kinder dies alles selber tun.

Der Reichtum einer Montessori-Klasse besteht darin, daß sie maßvoll ausgestattet wird, übersichtlich eingerichtet ist und den Kindern einen gewissen Eindruck von einfacher Schönheit und Ästhetik vermittelt.

Um gern in die Schule zu gehen, braucht es mehr als einen guten Rahmen. Lehrerin, Freundschaften gehören dazu und die Möglichkeit, seine Arbeit frei zu wählen.

Monika geht quer durch den Raum. An dem offenen Holzregal macht sie halt. Gestern hat die Lehrerin doch mit den Dreiecken, den Quadraten und Kreisen aus Metall diese Figuren ausgelegt. Seite an Seite lagen sie da. Die Längen der Seiten waren unterschiedlich. Neue Flächen entstanden, die dann später wieder aufgelöst, auseinandergeschoben wurden.

Diese neue Begegnung mit Geometrie hatte sie schon gestern

spannend gefunden. Wie die roten kleinen Flächen auf dem weißen Papier zu einer neuen Gestalt wurden. Jetzt will sie das wiederholen. Sie entschließt sich, es allein zu tun. Gestern, das war eine Lektion. Die Lehrerin zeigte drei Kindern, wie mit dem Material gearbeitet wird. Monika hatte es im Vorbeigehen, wie man so sagt, gesehen und war stehengeblieben. Vielleicht so, wie wir Erwachsene im Vorbeigehen plötzlich ein Buch im Schaufenster einer Buchhandlung entdecken und stehenbleiben. Aber das war gestern. Heute will sie das alles selber machen.

Monika holt sich die Geometrischen Figuren auf ihren Tisch, legt sie so hin wie gestern, holt Stifte und weißes Papier. Alles ist so wie gestern, nur macht sie es diesmal allein. Sie kann es auch, weil gestern alles so einfach, so klar und überschaubar war, alles so nacheinander. Dann legt sie das große Quadrat in die Mitte auf das weiße Blatt, baut nach allen vier Seiten an, probiert und mißt, vergleicht und verändert, baut eine neue große Figur.

Ihre Freundin taucht plötzlich auf, ist willkommen und darf mitbauen. Sie legen jetzt gleiche Figuren gleichzeitig an. Dabei erleben sie, was Symmetrie ist, und wissen es nicht. Sie müssen aufeinander aufpassen. Das braucht Zeit, wenn sie sich selbst verbessern. Aber die haben sie auch – die Freiheit der Zeit. Wie auch sollten sie sonst lernen, wie man mit Zeit umgehen muß, wenn nicht bei der Arbeit.

Auch später, als sie die Figuren mit dem Bleistift umfahren und so gezeichnete Umrisse von vielen Dreiecken und Quadraten erhalten, die zusammen ein schönes, großes Bild waren, wissen sie nicht, daß sie geometrische Grunderfahrungen gemacht haben. Es war ein gemeinsames Werk, und das, was sie heute gemacht haben und morgen weiter tun werden, macht sie zufrieden, macht sie froh. Sie lieben es. Sie lieben Geometrie, und keiner hat es ihnen gesagt.

Danach ist die Hilfe der Erwachsenen wieder bei den Mädchen gefragt. Es geht um die Namen der Linien und Flächen. Den Umriß zum Beispiel nennt man auch Umfang. Er läßt sich messen und errechnen und wird bei den Berechnungen gebraucht. Sie staunen darüber, daß beim Halbieren eines Dreiecks nicht auch gleichzeitig die Länge des Umfangs halbiert wird. Aus farbigem Papier werden geometrische Figuren geschnitten, gelegt und geklebt. Immer, wenn sie Hilfe brauchen, fragen sie nach. Fast immer finden sie jemanden in der Klasse, den sie fragen können und der Zeit für Antworten hat. Sonst müssen sie eben warten. Hier ist dann Zeit für neue eigene Erfahrungen, eigene Entdeckungen und Erfindungen.

Die freie Wahl der Arbeit erfährt durch die vorbereitete Umgebung im Klassenraum eine sinnvolle und sachbezogene Führung. Für den Bereich der Kosmischen Erziehung ist das Angebot an Arbeitsmitteln, an Objekten, an Interessenspunkten jedoch so groß, daß ein ganzes Schulhaus diese nicht fassen kann. Die Kinder suchen neue Möglichkeiten. Sie wählen eine Arbeit, zum Beispiel eine, die nur außerhalb der Schule durchgeführt werden kann. Nach einer Absprache mit der Lehrerin oder dem Lehrer erhalten sie die Möglichkeit, sie durchzuführen.

Während Ines mit dem Markenspiel große Zahlen durch 12 teilt, hockt David aus dem 1. Schuljahr auf einem Teppich, hat in zwei Reihen kleine Gegenstände wie Haus, Maus, Auto, Baum und andere aus einer Dose in einer Reihe aufgestellt. Jetzt versucht er Kärtchen mit den Namen dazuzulegen. Er ist gerade dabei, sich das Lesen beizubringen. Buchstaben hat er schon früher kennengelernt. Heute geht es ihm um die Namen der Dinge aus der Dose! Die Namen haben alle ein rotgeschriebenes „au" am Anfang, in der Mitte oder am Ende des Wortes. Das Rot erleichtert das Lesen sehr. David findet es in jedem Wort, und es ist als eine isolierte Schwierigkeit sofort zu erkennen. Trotzdem liegt plötzlich das Wort „Zaun" da statt „Baum". Aber nicht lange. Als das Schildchen mit „Baum" übrigbleibt, erkennt er sogleich, wo es hingehört. Die gleichen Übungen, aber mit Bildkarten anstelle von Gegenständen, kommen später an die Reihe. Sie sind schließlich schon eine Abstraktion.

Da David nicht zu dieser Arbeit verpflichtet wurde, wählte er entsprechend seinem Können. Der Lehrer weiß, das Kind wird tun, was es kann, und das tut es gerne. Tauchen Fragen auf, einer ist im Raum, der antworten kann. Die Besucher des Unterrichts sind immer überrascht, daß hier die Kinder fragen und selten die Lehrer.

Das Markenspiel, mit dem Ines schon den dritten Tag rechnet, hat verschiedenfarbige Holzplättchen, so groß wie Briefmarken. Jetzt braucht sie nicht mehr die richtigen Perlen, Einerperle, Zehnerstange, Hunderterquadrat und Tausenderkuben. Sie ist schon weiter, die Farben genügen für das Rechnen mit verschiedenen Werten. Sie kontrolliert gerade ihre 17. Aufgabe. Dann kommt die 18. Wieviele sie heute oder morgen noch rechnen wird, ist ihre Sache. Wer hier beobachtet, dem fällt auf, wie exakt das Kind eine Marke, einen Wert nach dem anderen verschiebt und verteilt. 13956 teilt sie durch 12 und ist erst im zweiten Schuljahr. Sie zählt und verteilt alleine, kontrolliert allein und legt alles zurück an seinen Platz, um gleich wieder mit einer anderen Zahl weiterzurechnen. Nein, schriftlich teilen kann sie nicht. Was sie hier tut, ist einfaches Verteilen. Dabei muß sie gut auf die Ordnung aufpassen. Die Marken, die für Einer, Zehner, Hunderter und Tausender stellvertretend die Perlenmengen darstellen, müssen der Reihe nach ganz genau verteilt werden. Jeder Fehler zerstört die mathematische Ordnung. Dieses Erlebnis gibt eine Grunderfahrung für die Bildung des mathematischen Geistes. Ines kann sie unabhängig vom Erwachsenen alleine machen. So wie sie durch die Selbstkontrolle die Bestätigung ihrer Arbeit erfährt, so erfährt sie auch ihre Fehler und berichtigt sie selbst ohne Wertung. Da passiert also mehr als nur Mathematik.

Ob die Kinder ausdauernd dabeibleiben, werde ich oft gefragt. Das ist davon abhängig, wie groß das Bedürfnis der Kinder für diese Tätigkeit, für dieses Lernen ist. Wir können davon ausgehen, daß sie ein großes Bedürfnis haben, unabhängig zu werden.

Das, was wir bei Ines mit dem Markenspiel beobachten, das können wir bei allen Kindern bei all ihren Tätigkeiten mit dem Montessori-Material sehen. Nicht nur, daß sie damit arbeiten können, da ist etwas in ihnen, das darauf wartet, so arbeiten zu dürfen, so zu lernen.

Es hat eine Absprache stattgefunden zwischen Lehrer und Schülern. Ihr starkes Interesse richtet sich auf ein Objekt außerhalb der Schule. Mit diesem Interesse beginnt dann die Geschichte einer großen Arbeit.

6. Der Fernsehturm

Hans Elsner

Nicht weit von der Schule wird ein Fernsehturm gebaut. Das Fundament steht schon und ragt über den Bauzaun. „Wie hoch soll der werden?" ist die Frage, die unter den Kindern die Runde macht. Die Zeitung gibt es bekannt und liefert Bilder, wie er einmal aussehen soll. Für die Bürger der Stadt ist das nur eine Mitteilung, die wie eine Nachricht unter vielen abgelegt wird: Mal sehen.

Für drei Jungen aus der Montessori-Schule ist das anders. An einem Morgen stehen sie bei ihrem Lehrer: „Wir wollen eine Arbeit machen über den Fernsehturm, eine große." Das „große" betonen sie sicher deshalb, weil es ja um einen großen Turm geht.

Was die Jungen unter einer großen Arbeit verstehen, ist in der Schule nicht fremd. Es gibt Erfahrungen und Beispiele und die eigentümliche Gewißheit der Kinder, die fast immer, wenn sie so etwas anfangen, an ein Ziel gelangen. Die Zielvorstellung ist bei Kindern oft ganz anders als bei Erwachsenen. Sie ist oft nur wie die Klarheit hinter einer Nebelbank. Sie kennen diese Klarheit noch nicht, aber sie wissen, daß es sie gibt.

Auch jetzt wissen die drei, was zu tun ist. Wenn sie außerhalb der Schule arbeiten, gibt es für sie besondere Regeln. Die drei müssen Freunde sein. Sie brauchen die Erlaubnis ihres Lehrers. Das heißt in diesem Fall, sie überreden ihn. Es ist klar, daß der Lehrer im Gespräch mit ihnen herausfindet, was eigentlich dahintersteckt. Und er weiß auch, ob es erwünscht ist, gute Ratschläge zu geben oder nicht.

Die Jungen nehmen also Heft und Stift in die Hand und verlassen die Schule in Richtung Baustelle. Es mag sein, daß der Turm, dessen Rohbau schon fast fertig ist, beim Näherkommen größer und größer wird. Vielleicht lernen sie das Gefühl kennen, das ich in der Schule hatte, wenn ich mich in der Mathematikstunde der Tafel nähern mußte, um an ihr zu rechnen, was ich nicht rechnen konnte. Die Tafel wurde größer und größer.

Der Lehrer hat die drei verpflichtet, sich bei der Bauleitung zu melden und ihr Anliegen dort vorzutragen, immer zusammenzubleiben und auf jeden Fall um 10.30 Uhr wieder in der Schule zu sein.

Sie kommen um 10.15 Uhr zurück. Begeisterung sieht man ihnen an. Sie haben den Anfang einer großen Arbeit hinter sich gebracht. Vielleicht war das das schwerste Stück. Die drei sind im 4. Schuljahr, kennen sich auch gut außerhalb der Schule und unternehmen manches gemeinsam.

In der Klasse hat sich bei den Großen schnell herumgesprochen, wo die drei hin sind. Man ist neugierig bis gespannt. „Ja, wir sind erst zum Bauleiter gegangen. Der hat uns ausgefragt. Welche Schule das ist, wie wir heißen, und was wir wollen. Er hat seinen Namen genannt und uns zuerst mal Schutzhelme aufgesetzt." Die Kinder erzählen von Eisenbeton, von Bauzeichnungen, vom Diplomingenieur und dann, daß sie immer wiederkommen dürfen.

Das war der Anfang. Ich telefoniere mit den Eltern, mache mit den Jungen einen Plan, wann und wie oft sie ihre „große Arbeit" fortsetzen können und wollen, und überlasse im übrigen ihnen das Problem. Sie halten unsere Abmachungen ein wie auch die mit dem Diplomingenieur. Ihre Besuche gehören mit in den Unterrichtsplan. Wenn sie gehen, nehmen sie ihr Frühstück mit. Zu trinken kriegen sie dort. Bald kommen Baupläne und Prospekte von den Fernsehtürmen in Berlin und Stuttgart mit der Post. Die Jungen haben sie angefordert, um den Kölner Turm zu vergleichen. Ich weiß nicht, was sie davon verstehen, aber zumindest ist ihnen das sehr wichtig.

Sie sind die einzigen Kinder aus der Klasse, die zum Turm gehen. Darum meine Aufgabe an sie: „Schreibt auch soviel von dem, was ihr erlebt und lernt auf, daß zum Schluß eine Art Erzählung oder Vortrag daraus wird. Zeichnungen habt ihr ja schon."

Die Besuche werden noch intensiver. Eines Tages bringt Markus die Filmkamera seines Vaters mit. Jetzt wird gefilmt. Der Turm ist nahezu fertig. Die Jungen und der Ingenieur fahren mit dem Lastenaufzug hinauf auf die Plattform. Oben wird das drehbare Restaurant eingebaut. Wir werden ja später alles im Film nacherleben können.

Die große Arbeit geht zu Ende. Jetzt zittern alle Kinder, nicht nur die drei „Baumeister", dem Abschlußbericht und dem Filmergebnis entgegen.

Vom ersten bis zum vierten Schuljahr sitzen etwa 60 Kinder aus zwei Klassen voller Erwartung und schauen bewundernd die drei Klassenkameraden an. Die haben hinter sich die Leinwand, und vorn vor ihrem Bauch halten sie sich an ihren Schutzhelmen fest.

Keiner fängt an. Das ist ja auch schwer, wenn man zu dritt ist. Ich helfe, indem ich Fragen stelle. Langsam kommt was. Die Zuhörer stoßen nach, sind aber wegen der großen Stille ganz feierlich gestimmt. Sie wissen ja, was die drei Großartiges erlebt haben, guckt doch der Turm aus großer Höhe alle Tage zum Klassenfenster herein. Jetzt meldet sich einer aus dem 1. Schuljahr: „Und der Film?" Das war die Erlösung für alle.

Der Film wird eingeschaltet. Licht aus, das erste Bild. Die Wolken über Köln und dann nur Himmel. Der Turm muß ja unwahrscheinlich hoch sein. Wir sehen nur Himmel. Die Kamera filmt das ganze Rund – alles Himmel. Auch zurück: alles Himmel. Muß der weit sein. Da erscheinen Wolken am Himmel. Die Kinder sitzen und gucken. Vielleicht staunen sie auch über soviel Himmel. Jedenfalls sitzen unsere Kinder, die ja auch Fernsehkinder sind, ganz still und blicken auf die Leinwand mit dem Himmel. Jetzt erscheint eine Kirchturmspitze am unteren Rand, jetzt die Spitze einer Baumkrone. Das erste Grün. Dann wieder nur Himmel.

Ich überlege schon, was dazu gesagt werden könnte. Wie soll ich die drei vor den enttäuschten Klassenkameraden schützen? Wir haben schließlich 10 Minuten nur Himmel gehabt. Was mache ich nur? Die drei haben so gut wie nicht gesprochen. Vielleicht war es der falsche Film? Da ist er auch schon zu Ende. Ich knipse das Licht an, will in den Gesichtern der Kinder nach ihrer Stimmung suchen, da sind sie auch schon alle am Klatschen. Die drei strahlen. Ich weiß nicht, ob ich mehr erstaunt oder erleichtert war. Das habe ich nicht erwartet. Applaus für 15 Minuten Himmel. Es sind doch ganz normale Kinder, von denen gesagt wird, daß sie immer Aktionen verlangen. Wer soll sich da auskennen?

Der Vortrag ist vorüber. Die große Arbeit ist zu Ende gebracht. Dieses Ende sah also so aus. Was hatte ich eigentlich erwartet? Wie sollte das Ergebnis nach meiner Lehrervorstellung aussehen? Ja, ich hatte in der Tat an ein Referat gedacht, einen Vortrag vielleicht im Wechsel der drei. Ein Referat mit Bildern und Beschreibung der Baustelle, der Leute und der einmaligen Bedeutung des Turmes.

Nichts davon, es gab nur Himmel. Ich wußte aus Gesprächen, daß sie viel Interessantes erlebt hatten. Und nun das. Ich war nicht zufrieden. Aber wie war das mit dem Applaus? Gab es für die Kinder Gründe, zufrieden zu sein? Die Lehrererwartung war wieder einmal auf den Kopf gestellt.

Da entschließen sich drei Kinder, gemeinsam eine große Arbeit anzufangen. Der Entschluß ist ganz freiwillig. Es ist ihre freie Arbeitswahl. Die Regeln, die für die Durchführung eingehalten werden müssen, werden besprochen und akzeptiert. Die Arbeit wird selbständig durchgeführt. Die Kinder erfahren die Eigenverantwortlichkeit gegenüber der Klasse, den Abmachungen, der Arbeitszeit, dem Bauführer und allem, was mit dem Turm zu tun hat. Den Höhepunkt bildete dann schließlich die Nähe zum Himmel. Alles, was an Ergebnissen möglich war, haben die drei auch mitgebracht und weitergegeben. Die Klasse hatte das sofort verstanden. Die große freie Arbeit, die unter den klaren sachlichen Bindungen der Arbeits- und Schulwelt getan wurde, war beendet. Sie waren damit fertig.

Es war an mir zu lernen. Die Kinder entscheiden, was für sie zu einer bestimmten Zeit ihrer Entwicklung wichtig ist, die Bedeutung der Moniereisen, die Erfahrung einer Sachautorität, die Daten eines Bauwerkes oder das Erlebnis einer Gemeinschaft nahe beim Himmel. Ich verstand, daß es für die Kinder wirklich ein Stück Himmel war.

Als das drehbare Restaurant auf dem Turm seine ersten Runden drehte, lud die Bauleitung die drei Jungen zu einem Eis ein in vertrauter Höhe. Das war ihnen fast so wichtig wie die Tatsache, daß sie einmal die ersten „Zivilisten" auf der Plattform waren.

7. Einblick in ein Elternseminar über Montessori-Pädagogik in der Grundschule

Uta Rudolph

7.1 „Wer Kinder liebt, hilft ihren Eltern"[1]

Dieser kurze, aber inhaltsreiche Satz fordert zum Handeln auf. Er trifft auf viele Bereiche innerhalb der Kindererziehung zu. Angefangen von praxisnahen Zeitprogrammen bei Einschlafschwierigkeiten des Säuglings bis hin zu Seminaren zum Thema „Ablösung von Kindern" gilt es, immer die Einstellung der Eltern zum Kind zu treffen.

Dem Thema dieses Buchteils entsprechend kann eine dieser konkreten Hilfestellungen in der Montessori-Elternarbeit liegen.

Die hier abgedruckten Erfahrungen wurden u. a. in einer Reihe von Informationsveranstaltungen gesammelt, die in Zusammenarbeit mit der Volkshochschule und der Montessori-Grundschule in Mönchengladbach seit über 10 Jahren durchgeführt werden.

Das Seminar besteht aus vier Kursabenden (je 1 1/2 Stunden) und findet in einem Montessori-Klassenraum statt. Hier setzen sich vorwiegend Eltern, aber auch andere Interessierte mit den Grundgedanken, der Unterrichtspraxis und einigen Montessori-Materialien auseinander. Die Einheiten sind so gegliedert, daß neben einem theoretischen Teil und einer Einführung des Materials immer noch Zeit bleibt, in der die Teilnehmer das Material selbst in die Hand nehmen können. Nach dem Ablegen der anfänglichen Hemmungen führt dieser begreifende Umgang nicht selten zu einem Aha-Erlebnis nie verstandener Unterrichtsinhalte. Doch nicht nur das Schulleben, sondern auch die Übertragung der „Montessori-Idee" in den Familienbereich wird in Zusammenarbeit mit den Eltern thematisiert.

---

[1] Diözesanrat der Katholiken im Erzbistum Köln (Hrsg.): Broschüre „Impulse für die Pfarrgemeinde", Köln o.J., Titel.

7.2 Elternschaft – ein einzigartiges Abenteuer

Elternschaft ist eine bedeutsame Grunderfahrung des menschlichen Lebens. Sie ist mehr als eine soziale Rolle, die man einnehmen oder auch ablegen kann. Elternschaft ist eine lebenslange Verpflichtung, die mit großem Engagement während der ersten Lebensjahre des Kindes beginnt, wobei seine Abhängigkeit allmählich abnimmt, das Engagement aber gewöhnlich niemals ganz erlischt. Eltern übernehmen Verantwortung für einen langen Zeitabschnitt. Diese Verantwortung dauert 24 Stunden am Tag.

Elternschaft kann nicht rückgängig gemacht werden, denn Kinder haben naturgemäß ein Recht auf ihre Eltern. Sie haben Anspruch auf deren Zuwendung in körperlicher, geistiger und emotionaler Hinsicht.

Bei den Überlegungen zum Thema muß aber berücksichtigt werden, daß in zunehmendem Maße Elternschaft heute auch in anderen Formen gelebt wird als in einer Ehe oder dauerhaften Beziehung, z. B. nach einer Trennung oder in einer Zweitfamilie. Auch in solchen Familienformen wollen Eltern ihren Verpflichtungen nachkommen, sind um ein gelingendes Leben für ihre Kinder bemüht.

Elternschaft führt jeden in ein besonderes und einzigartiges Abenteuer. Es geht darum, in die Rolle als Mutter und Vater hineinzuwachsen. Diese Situation ist gekennzeichnet durch ganz unterschiedliche Gefühle. Als Eltern erlebt man Momente des Überschwangs und der Erfüllung, man erlebt Freude über die wachsende Beziehung zum Kind und Staunen über jeden Schritt seiner Entwicklung. Ebenso kann man sich aber auch Momenten des Kummers, der Besorgnis und der Unsicherheit vor unbekannten Situationen und Aufgaben und Entmutigung durch die starke Beanspruchung des Kindes nicht entziehen.

Elternschaft heißt Grenzen erfahren im Hinblick auf den eigenen Lebensstil, aber auch Grenzen setzen – durchdacht, konsequent und kreativ.

Elternschaft ist eine anspruchsvolle Aufgabe, die Eltern in den stetig wechselnden Phasen ihres Familienlebens immer wieder aufs neue fordert und die sie zu bewältigen haben.

Während das Leben im Kindergarten und das Familienleben noch eng aufeinander bezogen sind, betreten Kinder mit der Schule eine ganz andere Welt. Die Familie muß sich auf die Anforderungen dieses anderen Systems einstellen, sich mit vorgegebenen Zeiten, Zielen und Bewertungsmaßstäben auseinandersetzen.

7.3 „Reise" in die eigene Schulzeit

Denkt man an die eigene Schulzeit zurück, sind einige Eltern aufgrund selbstgemachter Erfahrungen daran gewöhnt, die Schule für ein Wettrennen der Schüler untereinander zu halten, bei dem der Lehrer den Startschuß gibt und das Ziel festlegt. Dabei dürfen die guten Schüler von den schwachen nicht aufgehalten werden. Man sieht das Miteinander-Arbeiten als Methode an, bei dem der Bessere nur Zeit verliert, indem er nicht nur dem „Dummen" hilft, sondern dadurch auch noch dem Lehrer, dessen Aufgabe das doch eigentlich wäre. Wer so denkt, ahnt kaum etwas von dem, was ein Helfender gewinnt.

Ein Helfender erfährt Freude und Bestätigung. Durch die Wiederholung festigt sich sein eigenes Wissen. Es steckt sogar noch mehr dahinter: Einen Sachverhalt einem Unwissenden zu erklären, setzt nicht nur das eigene Verständnis voraus, sondern erfordert noch die Gabe, es jemand anderem begreifbar zu vermitteln.

Wo Leistungs- und Konkurrenzkampf Vorrang vor der Kooperation haben, dort gibt es gegenseitige Aggressivität. Denn der ständige Leistungsvergleich führt zu einem Klima, in dem das Gewinnen zum wichtigsten Ziel wird.[2]

Diese Beschreibung mag vielleicht überzogen klingen. Wenn man jedoch durchschnittlich 15000 Stunden seines Lebens von der Einschulung bis zur Entlassung in dieser Institution Schule verbracht hat, ist es nur verständlich, daß die gesammelten Erfahrungen nachhaltige Spuren hinterlassen.

Positive und negative Erinnerungsfetzen kommen einem in den Sinn: Kreidequietschen an der Tafel; Erledigen der Hausaufgaben morgens im Bus; auffälliges Wegsehen oder Naseputzen, wenn ein Schüler zum Vokabeln-Abfragen gesucht wurde; Zensurenhickhack; Gedichte wie „Herr von Ribbeck" oder Zitate aus Macbeth: "Is this a dagger …"; die „Abguckmauer", die bei schriftlichen Tests im Musikunterricht mit Schultaschen errichtet werden mußte; Hitzewallungen bei Rückgabe von Klassenarbeiten – eine Liste, die jeder individuell, aber doch ähnlich fortsetzen könnte.

---

[2] Vgl. Wagenschein, M.: Verstehen lehren, Weinheim 1975, S. 98f.

Inzwischen hat eine gravierende Verschiebung der Erziehungsziele und damit auch der Unterrichtspraxis stattgefunden. Anstelle von Anpassungsbereitschaft, Gewissenhaftigkeit, Stillsitzen und Gehorsam treten heute Durchsetzungsfähigkeit, Freude am Lernen, fächerübergreifendes Denken, Eigeninitiative und Spontaneität in den Vordergrund. Dennoch ist ein jeder „Gefangener" seiner damaligen Schul- und selbstverständlich auch Familiengeschichte.

7.4 „Wieviel einfacher hatten es unsere Großeltern" – Schulwahl

Beladen mit der eigenen Geschichte werden Eltern eines Tages ein zweites Mal mit der Schule konfrontiert. Dieses Mal sitzen sie nicht in einer Schulbank, sondern jetzt müssen sie aktiv entscheiden: Welche Schule ist für mein Kind die richtige?

Wohnt man nicht gerade in einem kleinen Ort, so kann man auswählen zwischen einer konfessionellen oder Gemeinschafts-Grundschule, zwischen einer privaten Schule mit alternativ ausgerichteter Erziehungskonzeption, z. B. Waldorfschule oder einer Montessori-schule, die meist eine städtische „Angebotsschule" ist.

Wer den großen Einfluß der Schule auf das Kind bedenkt und sich klarmacht, welch wichtigen Abschnitt seines Lebens es dort verbringt, wird sich nicht resigniert mit dem Gedanken zurücklehnen, wieviel einfacher es doch die Großeltern hatten, sondern wird sich intensiv mit dieser Frage der Schulwahl beschäftigen. Das wird leichter sein, wenn Schulen für einen persönlichen Besuch offenstehen oder Informationsabende angeboten werden. Unbeachtet bleibt hier allerdings die Persönlichkeit des jeweiligen Lehrers. Denn auf die Wahl des Lehrers haben die Eltern – zumindest offiziell – keinen Einfluß.

7.5 Lernen die Kinder auch genug? – Eltern fragen

Ausgehend vom Thema dieses Buches bzw. Kapitels wird im folgenden zugrundegelegt, daß die Eltern für ihr Kind den Besuch einer Montessori-Schule in Erwägung ziehen.

Nach dem ersten „Abchecken" türmt sich sogleich ein ungeordneter Berg von Fragen auf, der hier schrittweise durch Antworten abgebaut werden soll. Dabei stellen die Antworten keinen Anspruch auf Allgemeingültigkeit. Sie können in den einzelnen Schulen, Städten und Bundesländern variieren.

Viele der gestellten Fragen werden durch ein Gespräch mit dem Nachbarn oder mit anderen Ratgebenden aufgeworfen. Sie zielen auf einen Vergleich mit der Regelschule ab und drücken unterschwellig die eigenen Schulerfahrungen aus. Das ist verständlich, und dem soll hier Rechnung getragen werden.

Welche Kinder können eine Montessori-Schule besuchen?

Alle Kinder, die die geforderte Schulreife besitzen und deren Eltern sich mit den Gedanken der Montessori-Pädagogik auseinandersetzen und versuchen, diese mit in den Familienbereich einfließen zu lassen.

Können auch behinderte Kinder eine Montessori-Schule besuchen?

Schule soll auf das Leben vorbereiten. Für viele behinderte Kinder wird das ein Leben als Behinderter unter Nichtbehinderten sein. Da liegt der Gedanke nahe, ein Lernumfeld zu schaffen, das es allen Kindern ermöglicht, schon früh die benötigten Verhaltensmuster einzuüben. Denn nicht nur behinderte Kinder profitieren von dem gemeinsamen Lernen, sondern auch gesunde Kinder machen wichtige Erfahrungen, die ihre eigene Entwicklung positiv beeinflussen.

Obwohl gerade die Arbeitsweise an einer Montessori-Einrichtung, in der z. B. das Lernen über alle Sinne und die individuelle Förderung im Vordergrund stehen, in besonderem Maß dazu geeignet ist, behinderte und nichtbehinderte Kinder gemeinsam zu unterrichten, gibt es viel zu wenig Montessori-Schulen, die wie in Krefeld, Borken und München beispielsweise integrativ arbeiten. Wesentliche Voraussetzungen für eine erfolgreiche integrative Zusammenarbeit sind erstens die Zusammensetzung der Klasse, wobei der Anteil behinderter Kinder 25 % nicht überschreiten sollte, und zweitens die Mitwirkung eines Sonderschullehrers, der neben dem Klassenlehrer tätig wird.

Sind Montessori-Schulen katholische Schulen?

Im Unterschied zu vielen Kinderhäusern sind Montessori-Schulen meistens konfessionell nicht gebunden. Der Religionsunterricht fließt in den ganzheitlichen Epochenunterricht mit ein.

Maria Montessori schuf für das Kind, das seine Anregungen aus der Umgebung schöpft, eine spezielle Einrichtung für die religiöse Erziehung, die sie „Atrium" nannte. Dieser Raum ist heute zur „Stillen Ecke" des Klassenzimmers zusammengeschrumpft. Als Zeichen zum Stillwerden darf ein Kind sich die bereitstehende Kerze anzünden, über etwas nachdenken, beten, in Ruhe eine biblische Geschichte ansehen, eine Stilleübung zur Bewußtmachung der Sinne durchführen u. a. Ob oder in welcher Gestalt eine „Stille Ecke" in der Klasse eingerichtet wird, entscheidet jeder Lehrer selbst.

Wie wird der tägliche Unterricht gestaltet?

Der Unterrichtsmorgen ist unterteilt in „Freiarbeit" und „geführten Unterricht".

Die Freiarbeit, das unterrichtspraktische Kernstück jeder Montessori-Grundschule, ist selbstgewählte Einzel- oder Partnerarbeit mit didaktischem Material. Sie umfaßt 2–3 Schulstunden täglich.

Der geführte Unterricht, für den die Bezeichnung auch Fach- oder Klassenunterricht lauten kann, wird vom Lehrer aufgebaut und gelenkt. Er stellt in jedem Fall eine Ergänzung zur Freiarbeit dar und wird entweder in der jahrgangsgemischten Klassengemeinschaft oder in Jahrgangsgruppen verschiedener Klassen erteilt.

Lernen die Kinder auch genug?

Durch den Umgang mit dem Material während der Freiarbeitszeit werden bei den Kindern – über das abfragbare Sachwissen hinaus – die Selbständigkeit, Entscheidungskraft sowie die kreative und spontane Aktivität hervorgerufen und gestärkt. Sie erfahren, daß Lernen Spaß macht, und lernen kooperatives, verantwortungsbewußtes Handeln. Vor allem aber lernen sie das Lernen selbst.

Die Bildung der Gesamtpersönlichkeit des Kindes ist vorrangiges Erziehungsziel.

Die Richtlinien und Lehrpläne, die für die Regelschulen gelten, sind auch für die Montessori-Schulen verbindlich.

Gibt es Zeugnisse mit Noten?

Da die städtischen Montessori-Schulen an die amtlichen Vorgaben gebunden sind, bekommen die Kinder im 1. und 2. Schuljahr einen Bericht anstelle eines Zeugnisses. Erst ab dem 3., spätestens dem 4. Schuljahr setzt wie in der Regelschule die Notengebung ein.

Werden Klassenarbeiten geschrieben?

In den ersten beiden Schuljahren wird das Schreiben von Tests unterschiedlich gehandhabt. Ab dem 3. Schuljahr jedoch gilt ein im Kollegium vereinbartes Minimum, z. B. 4 Rechen- und 4 Spracharbeiten. Einzelne Kinder dürfen zur Unterstützung Freiarbeitsmaterial benutzen, was dann kurz schriftlich im Heft vermerkt wird.

Gibt es Hausaufgaben?

Der Stellenwert, den ein Lehrer den Hausaufgaben beimißt, obliegt seiner individuellen Einschätzung. In vielen Klassen wird mit Wochenplänen gearbeitet, d. h., auf einem Plan sind Aufgaben aufgeführt, die innerhalb einer Woche zu erledigen sind und nur an einem verabredeten Tag nachgesehen werden. Andere Lehrer vergeben täglich Hausaufgaben. Die Zeitdauer, in der diese Aufgaben ohne ständige Hilfe der Eltern erledigt sei sollten, wird durchschnittlich mit einer halben Stunde täglich angegeben.

Die Auseinandersetzung mit diesem „leidigen" Thema sollte keinesfalls zur Überschattung des Familienlebens führen. Probleme sollten immer in Zusammenarbeit mit dem Lehrer geklärt werden.

Benutzen die Kinder Schulbücher?

Über den Einsatz von Schulbüchern entscheidet das Kollegium oder ein einzelner Lehrer für seine Klasse.

Grundsätzlich spielen Schulbücher in einer Montessori-Schule eine geringere Rolle, da genügend didaktisches Material zur Verfügung steht. Anders als Unterrichtsinhalte Seite für Seite in einem Schulbuch durchzuarbeiten, bietet das Montessori-Material, das oft in Zusammenarbeit von verschiedenen Lehrern, manchmal auch von Eltern und Schülern noch ergänzt wird, größere Identifikationsmöglichkeiten. Neben dieser individuellen Beziehung zum Material wird eine methodische Abwechslung geschaffen, d. h., der Schüler kann zwischen verschiedenen Tätigkeiten wählen. Darüber hinaus fördert der Umgang mit dem Material eigenspezifische Lernprozesse.

Den Eltern allerdings fehlt ohne Schulbuch oft der Einblick in das aktuelle Können des Kindes. Beliebten Vergleichen wie „Unsere Klasse arbeitet im Buch schon auf Seite …" können sie selten etwas entgegensetzen.

Gibt es Schwierigkeiten beim Wechsel in eine weiterführende Schule?

Viele Eltern sehen schon vor Beginn des 1. Schuljahres nicht ohne Sorgen das Ende der Grundschulzeit herannahen.

Zwar gibt es bereits eine ganze Reihe von Montessori-Einrichtungen im Kinderhaus- und Primarbereich, doch fehlen in den meisten Städten die entsprechenden Anschlußschulen. Es ist also gängige Praxis, daß die Mehrzahl der Kinder nach der Grundschulzeit eine weiterführende Regelschule besucht.

Neue Klassenkameraden, ein komplizierterer Schulweg, das Fehlen der gewohnten Atmosphäre und des persönlichen Vertrauens zwischen Lehrer und Schüler – jede Umstellung kann bei Kindern, übrigens gelegentlich auch bei Erwachsenen, zu Problemen führen.

Gleichgültig aber, ob man eine Haupt- oder Realschule, ein Gymnasium oder eine Gesamtschule wählt, spezielle oder regelmäßig wiederkehrende Schwierigkeiten, die nach dem Besuch einer Montessori-Grundschule aufgetreten wären, sind nach Befragung der Lehrer nicht bekannt, allerdings auch nicht wissenschaftlich in einer langfristigen Studie untersucht worden.

Vielmehr ist festzustellen, daß die Kinder nicht nur die vom Lehrplan geforderten, sondern darüber hinaus viele zusätzliche Fähigkeiten und Fertigkeiten erworben haben. Vor allem sind ihre selbständige Lern- und Arbeitshaltung ausgebildet. Sie wissen, wie man lernt und wo man nachschlagen kann. Ebenso sind sie vertraut mit den an anderen Schulen üblichen Unterrichtsformen: Lehrervortrag, gleichzeitiges Lösen einer allen Schülern gestellten Aufgabe, gemeinsames Zusammentragen von Ergebnissen etc.

Was tun, wenn ein Kind nicht arbeitet?

Freiarbeit bedeutet, das Kind entschließt sich selbständig, was es tut, wann und wie lange es arbeitet und mit wem.

Es gibt genug Gründe, sich beim Betreten der Klasse gleich kopfüber in eine Arbeit zu stürzen. Kinder wollen lernen. Es ist einfach langweilig, nichts zu tun. Die vielen interessanten Dinge in den Regalen wirken motivierend. Das Arbeiten der anderen steckt an.

Natürlich kann das Kind auch entscheiden, nichts zu tun. Es will vielleicht warten, mit anderen sprechen; möglicherweise ist es unentschlossen, oder es geduldet sich, bis ein Freund für die vorgenommene Partnerarbeit eintrifft. Manchmal steckt ein Kind auch vorübergehend in einer Phase, in der es sich zurückzieht – entweder still in sich gekehrt oder auch auffällig und für andere störend.

Sicherlich wird der Lehrer versuchen, mit dem Kind zusammen ein Interessengebiet herauszufinden und aus der Fülle des Materialangebots eine spezielle Arbeit anzubieten. Als Starthilfe für den Arbeitsanfang kann er auch vorübergehend eine tägliche Pflichtübung mit dem Kind vereinbaren, solange bis es wieder selbständig die Freiarbeit nutzen kann.

Ein andauerndes desinteressiertes Verhalten hingegen ist untypisch und kommt selten vor. Hier müssen dann durch Gespräche mit dem Kind, eventuell auch mit Eltern und psychologischen Beratern, dringend die Gründe für das nicht vorhandene Interesse aufgedeckt werden, damit der Lehrer in angemessener Weise darauf reagieren kann.

Montessori-Pädagogik ist zwar kein „Notdienst" für schwierige Fälle, doch wird oft ein schulmüdes Kind oder ein Schulverweigerer in einer Montessori-Klasse wieder zu einem interessierten Schüler. Anregungsreichtum und Neugier haben schon manchen sehr bald zum Lernen verlockt. Durch die Atmosphäre der Ruhe und durch das Gefühl, daß niemand ihm etwas aufzwingt oder es unterdrückt, durch die Freiheit, die man ihm läßt, erwacht eine spontane Aktivität, die einem gesund entwickelten Kind eigen ist. Angst, Schüchternheit und lähmende Abhängigkeit vom Erwachsenen verschwinden.

Unendlich wichtig für seine Schulzeit und für sein ganzes späteres Leben ist,
– daß es Freude am Lernen findet und vor allem behält;
– daß es Verantwortung trägt für seine Umgebung;
– daß es selbständig nachdenkt und sich etwas zutraut.

Ein jüngeres Schulkind drückte es gegenüber seinem Lehrer sehr treffend mit den Worten aus: „Ich hab dich lieb, weil du mir nie hilfst."

7.6 Memorandum des Kindes an den Erzieher

Was können Eltern zu Hause tun?

Eine Antwort, die auf diese schnelle Frage erwartet wird, bedarf – wenn sie im Sinne der hier zugrundeliegenden Ausrichtung gegeben werden soll – eines pädagogischen Wissens um die Gesamtkonzeption Maria Montessoris. Sie kann nicht so schnell erfolgen wie bei den vorangegangenen Fragen. Diese Antwort benötigt etwas mehr Gründlichkeit statt „Eile". Deshalb wird sie in einem eigenen Abschnitt behandelt.

Die Funktion des Erziehers ist eng verknüpft mit einem Grundgedanken der Montessori-Pädagogik: Erziehung heißt Hilfe zum Leben. Erziehung heißt, dem Kind zu helfen, selbständig und damit vom Erwachsenen unabhängig zu werden. Wo immer das Kind aktiv an seinem Aufbauwerk schafft, da muß der Erzieher passiv werden. Diese Passivität äußert sich aber keineswegs in Gleichgültigkeit, Abwesenheit oder durch einen praktizierten „Laissez-faire"-Stil. Montessori-Pädagogik bedeutet eben nicht, daß die Kinder sich selbst überlassen bleiben.

Vielmehr besteht die Aufgabe des Erziehers darin, für das Kind einen Lebensraum zu schaffen, in dem es sich gemäß seiner inneren Entwicklungsantriebe entfalten kann. Hier sind die Kinder ganz auf die Hilfe des Erwachsenen angewiesen. Ein solches Betätigungsfeld kann nur er allein als „Sachverwalter der Kultur" dem Kind präsentieren. In den Köpfen vieler Eltern nistet sich schnell die Vorstellung ein, je mehr Spielzeug oder Hilfsmittel dem Kind zur Verfügung stünden, desto besser entwickelte es sich. Stattdessen beschwert die ungeordnete Vielzahl von Dingen das Kind mit Chaos und bedrückt es durch Entmutigung. In der Begrenzung und Auswahl der Materialien liegt der Schlüssel zur Ordnung und zum Verständnis. Hiermit ist aber keinesfalls gemeint, daß das kostspielige Montessori-Material nun Einzug in die Kinderzimmer halten soll. Wohl aber sollten die angebotenen Dinge gut erreichbar sein, ihren festen Platz haben, vollständig und in Ordnung sein sowie dem Alter entsprechen.

Im Hinblick auf diese Forderungen darf der Erzieher also nicht passiv sein. Seine Hauptaufgabe besteht eben darin, dem Kind zu helfen, sich auf den Weg zu seiner Selbstverwirklichung zu begeben, und beobachtend diesen Weg zu verfolgen, um zur rechten Zeit da zu sein.

101

Er muß Geduld aufbringen, um dem Kind sein eigenes Entwicklungstempo zuzugestehen. Diese Geduld kann nur aus dem Vertrauen zum Kind erwachsen, und zwar Vertrauen darauf, daß es seinen Weg gehen wird und über die Kraft verfügt, seine Persönlichkeit zu entwickeln. Dieses Vertrauen zu erlernen, ist sicher das schwierigste für alle Erzieher.

Hier kommt es immer wieder zum Konflikt. Der Erwachsene traut dem Kind die Kraft zu diesem „Selbstwerk" häufig nicht zu. Aus falsch verstandener Sorge, alltäglicher Hektik oder vielleicht gar aus untergründigem Machtstreben glaubt er vieles für das Kind erledigen zu müssen. Montessoris Forderungen zielen auch auf eine Änderung der Einstellung des Erwachsenen.

An einer Montessori-Schule wird anders gearbeitet als es die meisten Eltern aus der eigenen Erfahrung kennen. Doch sie sind vorbelastet und neigen dazu, unruhig zu werden, wenn Kinder bestimmte Lernerfolge noch nicht aufweisen. Nicht selten werden deren Leistungen mit denen von Kindern verglichen, die in eine Regelschule gehen. Schnell entsteht dadurch die Situation, daß eine entspannte Arbeitsatmosphäre gestört wird bzw. die Kinder durch den Ehrgeiz der Eltern gehetzt werden. Dieser Vorgang beeinträchtigt oder verhindert sogar die gesunde Entwicklung.

Der Erzieher sollte es sich zum Prinzip machen, seine Einstellung zum Kind immer aufs neue zu überprüfen und gegebenenfalls zu korrigieren. Statt des Redens muß er das Schweigen lernen, statt zu unterweisen muß er beobachten.

Ebenso muß er Achtung aufbringen vor der kindlichen Persönlichkeit, der fortschreitenden Entwicklung und der Arbeit des Kindes, das nicht ständig aus einer Tätigkeit herausgerissen werden will, ohne sie beenden zu können.

Auch wenn es eine Binsenweisheit ist, kann auf ihre Erwähnung hier nicht verzichtet werden:

Ausgangspunkt und zugleich Ziel jeden erzieherischen Handelns ist die Liebe zum Kind. Von Geburt an benötigt ein Kind für eine harmonische Entwicklung das Gefühl, daß es als eigenständige Persönlichkeit anerkannt und – unabhängig von Schulnoten und Leistungen – uneingeschränkt geliebt wird.

Wenn Eltern für ihr Kind die Montessori-Pädagogik wählen, müssen sie die beschriebene Grundhaltung auch zu Hause verwirklichen. Bei Fragen und Schwierigkeiten sollten sie sich in vertrauensvoller Zusammenarbeit direkt an den Lehrer werden. Kurze Wege zwischen Eltern und Schule sind wichtig, damit nicht unnötige Zeit geopfert werden muß, um Unklarheiten oder Mißverständnisse auszuräumen.

Um den „normalen" Alltag zu meistern, bieten sich die folgenden prägnanten Ratschläge[3] besonders an. Sie entstammen zwar nicht der Montessori-Pädagogik, entsprechen aber in treffender Weise ihrer Grundidee. Unkommentiert muß man sie auf sich wirken lassen.

Ein Memorandum des Kindes an den Erzieher

(1) Verwöhne mich nicht. Ich weiß sehr gut, daß ich nicht alles, was ich verlange, haben muß. Ich teste dich ja nur.

(2) Hab keine Angst, bestimmt mit mir umzugehen. Ich ziehe es vor, dann weiß ich nämlich, woran ich bin.

(3) Zwing mich nicht. Das lehrt mich, daß nur Macht zählt. Ich reagiere besser auf Anleitung.

(4) Sei nicht wechselhaft. Das verwirrt mich, und ich versuche umso mehr, alles zu erreichen, was ich will.

(5) Mach keine Versprechungen. Es könnte sein, daß du sie nicht einhalten kannst. Das erschüttert mein Vertrauen zu dir.

(6) Falle nicht auf meine Herausforderungen herein, wenn ich etwas sage oder tue, um dich aus der Fassung zu bringen. Dann werde ich nämlich versuchen, noch mehr solche „Siege" zu erringen.

(7) Sorge dich nicht zu sehr, wenn ich sage: „Ich hasse dich!" Ich meine es ja nicht so. Ich möchte nur, daß es dir leid tut, wenn du mir etwas angetan hast.

(8) Mach nicht, daß ich mich kleiner fühle, als ich bin. Dann werde ich mich nämlich wie ein „toller Kerl" benehmen.

---

[3] Soltz, Vicky: Ein Memorandum des Kindes an den Erzieher, o.O., o.J.; verteilt als loses Blatt während einer Pädagogik-Vorlesung der RWTH Aachen, Fakultät 8.

(9) Tu nichts für mich, was ich selber tun kann. Dann fühle ich mich nämlich wie ein Baby und werde dich weiterhin in meinen Dienst stellen.

(10) Befasse dich nicht zu sehr mit meinen schlechten Gewohnheiten, das veranlaßt mich nämlich, sie zu behalten.

(11) Versuche nicht, mein Benehmen während eines Streites zu besprechen. Aus bestimmten Gründen kann ich zu dieser Zeit nicht gut zuhören, und meine Mitarbeit ist noch schlechter. Du kannst ja handeln, aber besprechen sollten wir es später.

(12) Versuche nicht zu predigen. Du würdest dich wundern, wie gut ich weiß, was richtig oder falsch ist.

(13) Sag mir nicht, daß meine Fehler Sünden sind. Ich muß lernen, daß ich mir Fehler erlauben kann, ohne deshalb zu glauben, daß ich schlecht bin.

(14) Nörgle nicht. Um mich zu schützen, muß ich tun, als ob ich taub wäre.

(15) Verlange keine Erklärung für mein falsches Benehmen. Ich weiß wirklich nicht, warum ich es getan habe.

(16) Stelle meine Ehrlichkeit nicht in Frage. Ich bekomme leicht Angst und erzähle Lügen.

(17) Vergiß nicht, daß ich gerne etwas ausprobiere. Ich lerne dadurch, darum laß mich doch.

(18) Schütze mich nicht vor den Folgen meines Verhaltens. Ich muß aus Erfahrung lernen.

(19) Schenk meinen kleinen Leiden nicht soviel Aufmerksamkeit. Es könnte sonst sein, daß ich Leiden oder schwache Gesundheit schätzen lerne, wo sie mir soviel Aufmerksamkeit einträgt.

(20) Beantworte Fragen um der Frage wegen nicht. Ich will dich nur mit mir beschäftigen.

(21) Entzieh dich nicht, wenn ich wirklich etwas wissen will. Sonst wirst du merken, daß ich aufhöre zu fragen und mir meine Antworten woanders hole.

(22) Denk nicht, es sei unter deiner Würde, dich bei mir zu entschuldigen. Eine ehrliche Entschuldigung erzeugt in mir warme Gefühle dir gegenüber.

(23) Deute nie an, daß du perfekt oder unfehlbar bist. Du wärst ein zu großartiges Vorbild für mich.

(24) Sorg dich nicht, daß du wenig Zeit für mich hast. Was zählt ist, wie wir die Zeit miteinander verbringen.

(25) Werde nicht ängstlich, wenn ich mich fürchte. Zeig mir lieber Mut.

(26) Vergiß nicht, daß ich mich ohne viel Ermutigung und Verständnis nicht entwickeln kann. Behandle mich, wie du deine Freunde behandelst, dann werde ich auch dein Freund sein. Denke daran, daß ich mehr von einem Vorbild als von einem Kritiker lerne.

7.7 „Laß mir Zeit" – ein Motto für das Kind

Wünschenswert wäre es, wenn sich mehr Eltern der Tatsache bewußt würden, daß ein Kind seine Erfahrungen am besten und nachhaltigsten in einer entspannten und freundlichen Atmosphäre ausbilden und trainieren kann. Die Einrichtung des Kinder- bzw. Klassenzimmers, das Angebot an Spiel- und Arbeitsmaterial ist da ebenso von Bedeutung wie die Unterstützung und Zuwendung, die ein Kind von seiner Umgebung erfährt.

Neben einer Umwelt zum Bewegen, Anfassen und Erforschen braucht das Kind unbedingt auch genügend Zeit, damit es selbst sein Tempo bestimmen kann. Man sollte nicht vergessen, daß die Entwicklung eines Kindes ein ganz individueller Prozeß, daß der Zeitpunkt, zu dem bestimmte Fähigkeiten erlernt werden, nicht bei allen Kindern der gleiche ist. Jedes Kind ist anders. Es kann völlig unterschiedlich sein, in welchem Alter ein Kind Laufen, Radfahren oder Schwimmen lernt. Niemand ist schon automatisch ein besserer Schwimmer, nur weil er es früher gelernt hat. Das gilt auch für das Lesen, Schreiben und Rechnen. Keinem Kind soll also eine bestimmte Geschwindigkeit aufgedrängt werden. Wichtig ist, sowohl in der Schule als auch zu Hause, den Kindern ohne hohen Erwartungsdruck, ohne ständige „gutgemeinte" Aufforderungen und ohne voreilige Hilfe die Zeit für ihre eigene Entwicklung zu lassen, ihre individuelle Zeit also, die sie benötigen, um etwas zu bewältigen, was sie gerne können möchten. Es kann eben kein Lehrer für 30 Kinder vorausbestimmen, daß sie bereit sind, donnerstags von 9–10 Uhr zu rechnen. In einer Montessori-Schule haben sie die Möglichkeit, im gegebenen Rahmen das zu tun, was sie wollen. Hier höre man und staune: Oft wollen sie gerade das, was man manchmal selbst mit äußerem Druck kaum erreichen kann.

„Laß mir Zeit" ist ein schönes und wichtiges Motto in einer Welt, in der alles schneller, öfter und unbegrenzter vor sich gehen muß.
Chronisch überfüllte Terminkalender – nicht nur der Erwachsenen – signalisieren Schwerpunktsetzungen wie persönliche Leistungsstärke, Sucht nach Kurzweile und Konsumzwang. Viel zu oft wird darüber vergessen, daß insbesondere Kinder eine andere Zeit als die digital programmierte brauchen. Freizeit soll freie Zeit bleiben. Kinder brauchen Entspannung, das Gefühl, sich einmal fallenzulassen. Dazu zählt auch, so schlecht es manche Eltern vielleicht aushalten können, mal nur so „herumlungern".

Jedes Kind braucht *seine* Zeit zur eigenen Entwicklung seiner Person. Dazu braucht es auch die Zeit seiner Eltern.

Eltern, die ihre sorgende und fordernde Rolle ernst nehmen, sind aufgerufen, die dargelegten Voraussetzungen zu schaffen, damit ihr Kind zu einer psychisch stabilen, ausgeglichenen und selbständigen Persönlichkeit heranwachsen kann.
All das zu lernen und in das alltägliche Familienleben zu übertragen, ist schwer. Es muß vielleicht zwischen den Bedürfnissen eines Babys und eines Schulkindes und den Wünschen und Vorstellungen der Erwachsenen abgewogen werden. Oft ist es nicht einfach, in begrenzten Wohnverhältnissen, zwischen Stundenplänen der Kinder und Arbeitszeiten der Väter – eventuell auch der Mütter – und

schließlich den Kräften der Eltern hinreichend Raum und Zeit für individuelle Entfaltung des einzelnen zu schaffen. Immer wird es auch für den Montessori-Erzieher Rückschläge geben und Durststrecken. Doch Kinder sind durchaus fähig, sich auf unvollkommene Situationen einzulassen, sofern sie sich in ihrer Umwelt geborgen und zufrieden wissen. Wer dennoch fehlerfrei erziehen will, verwechselt die Erziehung mit Hochleistungssport.

Der Weg ist das Ziel. Jeder Schritt stellt eine Etappe dar, deren Erreichen man genießen soll. Dieser Weg ist voll von Schlaglöchern, Fallen, Umwegen und Sackgassen. Niemand ist davor gefeit, Fehler zu machen. Sie sind für den notwendigen Lernprozeß etwas Positives – solange nur die Richtung stimmt.

8. Maria Montessoris Sekundarschule als „Erfahrungsschule des sozialen Lebens"

Michael Klein-Landeck

8.1 Zur Einführung

Maria Montessori gilt in der Öffentlichkeit weithin als begnadete Erzieherin von Vorschulkindern, allenfalls noch als bedeutende Grundschulpädagogin. Weniger bekannt ist die Tatsache, daß ihre Konzeption von der frühesten Kindheit bis in das Erwachsenenalter reicht und sogar konkrete Anregungen zur Reform der Universität beinhaltet. Bereits 1920 stellte sie in Vorträgen an der Universität Amsterdam ihre Leitlinien für die Entwicklung einer humanen Sekundarschule vor.

Besonders in den Niederlanden hoffte man, diese Vorstellungen in Zusammenarbeit mit der „Dottoressa" verwirklichen zu können. Infolge ihres umfangreichen internationalen Wirkens war diese Kooperation zwar nie sehr eng, jedoch wurde in Amsterdam schon im Jahre 1930 ein „Montessori-Lyzeum" gegründet. In Deutschland hingegen nahmen die Bemühungen um eine Einführung der Montessori-Pädagogik an weiterführenden Schulen erst ab den 70er Jahren deutlich zu. Bis heute existieren hier etwa vierzig Schulen bzw. Schulzweige im Sekundarbereich, die nach ihren Prinzipien arbeiten. Weitere Einrichtungen übernehmen einzelne Elemente ihres Ansatzes. Internationalen Bekanntheitsgrad hat vor allem das Münchener Montessori-Schulmodell erlangt, wo mit Erfolg behinderte und nichtbehinderte Kinder gemeinsam unterrichtet werden.

Nach einem kurzen Abriß ihrer Kritik am traditionellen Bildungswesen soll Montessoris Entwurf einer „Erfahrungsschule des sozialen Lebens" vorgestellt werden. Im Anschluß daran wird die Entwicklung der Montessori-Sekundarschulen in Deutschland und den Niederlanden skizziert und ein Überblick über die Organisation und Arbeitsweise dieser Einrichtungen vermittelt. Dabei soll deutlich werden, wie weit sich die in Kinderhaus und Montessori-Grundschule erprobten Grundsätze und Unterrichtsformen auf die Sekundarstufe übertragen lassen.

8.2 Montessoris Kritik am Bildungswesen ihrer Zeit

In aller Schärfe wird Anfang dieses Jahrhunderts auf die Reformbedürftigkeit einer Schule aufmerksam gemacht, welche eine schmerzhafte Erfahrung im Leben junger Menschen darstellt und sich scheinbar nur sehr bedingt zur Erziehung mündiger Staatsbürger eignet. Das Leiden an der lebensfernen Buch-, Pauk- und Zwangsschule wird von namhaften Literaten wie H. Hesse, Th. Mann oder F. Wedekind aufgegriffen, Schulangst und Schülerselbstmord werden zu zentralen Themen. Maria Montessoris Kritik an Zielen, Inhalten und Methoden der traditionellen Schule und ihrem Bildungs- und Erziehungsbegriff deckt sich weitgehend mit der ihrer Zeitgenossen:

Die Schüler werden als Objekte abstrakter Belehrung betrachtet. In kahlen Klassenzimmern müssen sie, eingezwängt in ihre Bänke, passiv den monotonen Lektionen folgen. Erfahrungslernen durch Naturbeobachtung oder Experimente bildet eher die Ausnahme. Indem sie permanent „hinter dem Verstand des Lehrers herlaufen"[1], wird die Ausbildung geistiger Selbständigkeit verhindert. Auch das rigide Prüfungssystem trägt dazu bei, daß das Lernen zur drückenden Last wird und die Schüler wenig Lebensfreude und Selbstvertrauen entwickeln. Montessori spricht von unglücklichen Kindern, welche gleich „jenen Häftlingen im lebenslänglichen Zuchthaus"[2] körperlich und seelisch unter dem Zwangscharakter einer Institution leiden, die jede lebendige Menschlichkeit vermissen läßt. Noch Anfang der 50er Jahre kritisiert sie das Fehlen demokratischer Mitbestimmungsrechte für die Jugendlichen. Da die weiterführende Schule „weder den Bedürfnissen des jungen Menschen noch denen unserer jetzigen Epoche"[3] angepaßt ist, hält sie eine umfassende Bildungsreform für dringend geboten.

Vieles hat sich inzwischen verbessert, und manche Kritikpunkte scheinen heute überholt bzw. in ihrer Schärfe nicht mehr haltbar. Andere Aspekte sind immer noch aktuell, so daß der Ruf nach einer Bildungsreform, die stärker das Kind in den Mittelpunkt der pädagogischen Bemühungen rückt und zur weiteren Humanisierung von Schule und Unterricht führen soll, nicht verstummt.

---

[1] Montessori, M.: Schule des Kindes, Freiburg ⁵1995, S. 251.
[2] Montessori, M.: Spannungsfeld Kind – Gesellschaft – Welt, Freiburg 1979, S. 111.
[3] Montessori, M.: „Kosmische Erziehung". Kleine Schriften 1, Freiburg ²1993, S. 127.

Die Rede vom „Chaos Schule" und der „Angst im Klassenzimmer", von unmotivierten Lehrern, passiven Kindern und allgemeiner Schulverdrossenheit beherrscht derzeit die Medienlandschaft. Das Lernen im starren 45-Minuten-Takt und das Fachlehrerprinzip werden zunehmend als bedenklich empfunden, da ständiger Wechsel kaum die vertiefte Sachbegegnung zuläßt und echtes Verständnis fördert. Statt umfassende Allgemeinbildung zu vermitteln, wird, so die Kritik, die Anhäufung oberflächlicher Einzelkenntnisse begünstigt. Hören wir dazu noch einmal Montessori: „In jeder Stunde wechseln Lehrer und Unterrichtsstoff … ohne jeden sinnvollen Zusammenhang. Man kann sich in einer Stunde nicht völlig auf einen neuen Gedanken umstellen. Hat man sich aber darauf eingestellt, kommt sogleich ein anderer Studienrat, der ein anderes Fach lehrt. Und in dieser geistigen Hetze läuft diese schwierige Periode des menschlichen Lebens ab."[4]

Oft wird das Pauken von Einzelfakten ernster genommen als das Erlernen des Lernens. Undurchsichtige Beurteilungskriterien, Stofffülle und Notendruck führen auch heute zur Angst vieler Kinder vor der Schule. Der nach wie vor dominierende Frontalunterricht und die einseitige Betonung intellektueller Anforderungen wirken sich nicht selten lähmend auf die Aktivität der Schüler aus und führen zu Indifferenz gegenüber schulischen Inhalten und mangelndem Engagement im Unterricht. Wenngleich sich diese Gesichtspunkte keineswegs verallgemeinern lassen, nimmt doch nachweislich die Suche nach Alternativen zur Regelschule zu.

8.3 Ausgangspunkt für eine Neuorientierung: die Sensibilitäten im Jugendalter

Auch Montessori fordert eine gründliche Neuorientierung. Sie will die Jugendlichen nicht in ein fertiges System einpassen, sondern neben den gesellschaftlichen Erfordernissen vor allem die Heranwachsenden selbst zum entscheidenden Bezugspunkt der Bildungsinstitutionen machen. Da die menschliche Persönlichkeit nach ihrer Auffassung durch alle Entwicklungsstufen hindurch eine Einheit darstellt, muß das Prinzip der Selbsttätigkeit in Freiheit auch auf

---

[4] Ebd., S. 133.

dieses Lebensalter (12–18 Jahre) angewendet werden. So ist ihr Entwurf einer Sekundarschule besonders durch seine konsequente Orientierung an den Interessen und Entwicklungsbedürfnissen der Jugendlichen sowie den hohen Grad an Freiheit gekennzeichnet, der ihnen gewährt werden soll.

In dieser recht labilen und nicht unproblematischen Phase zwiespältiger Gefühle strebt der junge Mensch verstärkt nach Unabhängigkeit, andererseits sucht er Schutz und Geborgenheit. Beängstigende, wenn auch noch nicht immer klar umrissene zukünftige Anforderungen lassen ein Bedürfnis nach Verständnis aufkommen, welches v.a. bei Gleichaltrigen gesucht wird und sich oft im Drang nach Gruppenzugehörigkeit äußert. Vielfach distanziert sich der Jugendliche nun vorübergehend von den Eltern und anderen Erwachsenen, da er sich um ein neues Verhältnis zu sich selbst und den Mitmenschen bemüht. Diese Umwandlung ist so ausgeprägt, daß Montessori von einer „Wiedergeburt" bzw. vom „sozialen Neugeborenen"[5] spricht. Von entscheidender Bedeutung ist in dieser Phase sein Bedürfnis nach Stärkung des Selbstwertgefühls, welches sich in erster Linie aus persönlichen Erfolgserlebnissen und sozialer Anerkennung gewinnen läßt.

Mit ihrem Schulmodell entwickelt Montessori eine radikale Alternative zum Regelsystem, die den genannten Sensibilitäten in besonderem Maße Rechnung tragen soll. In dieser Einrichtung sollen Jugendliche eine umfassende geistige Bildung erhalten, daneben aber auch die nötige Ruhe zu meditativer Selbstbesinnung finden und vielfältige soziale Erfahrungen machen können. Hier ist ihnen Achtung entgegenzubringen und ihre Würde zu wahren, denn: „Niemals darf man Jugendliche wie Kinder behandeln … und es ist besser, sie so zu behandeln, als ob ihre Tüchtigkeit größer wäre als sie tatsächlich ist."[6]

---

[5] Ebd., S. 134.
[6] Ebd., S. 145.

8.4 Der „Erdkinderplan": Entwurf einer „Erfahrungsschule des sozialen Lebens"

8.4.1 Zielsetzung und Organisation der Schule

In einer sich immer schneller wandelnden Welt ist es notwendig, den jungen Menschen auf alle unvorhersehbaren Eventualitäten vorzubereiten, so daß er selbständig und flexibel die Zukunft bewältigen kann. Dazu bedarf er nach Montessori „außer seines Mutes eines starken Charakters und eines schnellen Verstandes. Er muß zugleich seine Grundsätze durch moralische Übungen verstärken und praktische Fähigkeiten besitzen."[7] Dem Jugendlichen sind fundierte wissenschaftliche Studien zu ermöglichen, wobei allerdings jede frühzeitige und einseitige Spezialisierung zu vermeiden ist, denn „Menschen, die Hände, aber keinen Kopf haben, und Menschen, die einen Kopf, aber keine Hände haben, sind in der modernen Gesellschaft in gleicher Weise fehl am Platze"[8]. Im Zentrum des Unterrichts steht nun besonders die Geschichte menschlicher Zivilisationsleistungen und kultureller Errungenschaften, denn nach Montessori muß man, gleichsam als Fundament einer friedlichen Zukunft der ganzen Weltgemeinschaft, bei der nachfolgenden Generation eine durch Verständnis und Solidarität geprägte Haltung erwecken.

Aus diesem Grunde stellt sie die Arbeit am „universalen Lehrplan"[9] in den Mittelpunkt schulischer Bildung. Es gilt, natur- und gesellschaftswissenschaftliche Erkenntnisse so zu vermitteln, daß die traditionelle Fächerung der Inhalte weitgehend überwunden wird. Die Schüler sollen vielmehr zu vertieften Einsichten in die überfachlichen Zusammenhänge gelangen und ein kritisches Bewußtsein für die zentralen Fragen und Probleme der Menschheit entwickeln. Dies ist eine sehr moderne Zielvorstellung, die heute oft mit den Begriffen des „systemischen" oder „vernetzten" Denkens umschrieben wird. Nach Montessori wird eine Sekundarschule daher den Erfordernissen der Gesellschaft und den Sensibilitäten der Jugendlichen insbesondere dadurch gerecht, daß sie „eine neue Form intellektueller Bildung vermittelt und neue Gefühle der Menschlichkeit kultiviert"[10].

---

[7] Ebd., S. 130.
[8] Ebd., S. 131.
[9] Vgl. ebd., S. 26.
[10] Ebd.

In ihrem „Erdkinderplan" entwirft die Pädagogin das Bild eines Studien- und Arbeitszentrums auf dem Lande, wo man den Schülern in gesunder Umgebung eine harmonische Verbindung von Studium, Arbeit und Gemeinschaftsleben bietet. Diese „Erfahrungsschule des sozialen Lebens" ist eine allen Kindern offenstehende Sekundarschule, der ein Gasthaus, ein Geschäft und ein Bauernhof angeschlossen sind. Die praktische Arbeit in diesen Betrieben soll vielfältige Lernprozesse ermöglichen und erste Erfahrungen im wirtschaftlichen Denken und Handeln vermitteln. Ihr pädagogischer Wert ist daher größer als der ökonomische Nutzen, d. h., der Jugendliche soll hier nicht etwa für seinen Lebensunterhalt aufkommen. Da für Montessori geistige und manuelle Arbeiten völlig gleichwertig sind, sollen Unterricht und Arbeit einander sinnvoll abwechseln und ergänzen.

Es ist also kein „Zurück zur Natur", kein beschauliches Inseldasein in der Pädagogischen Provinz, welches ihr vorschwebt. Es ist vielmehr die Möglichkeit zur Arbeit auf dem Lande und mit der Erde, welche „eine Einführung in die Natur und in die Kultur"[11] ermöglicht. Nach Montessori bieten sich hier konkrete Lernanlässe für den Unterricht in den Naturwissenschaften, in Technik und Geschichte. Diese intensive Verbindung und wechselseitige Anregung von Theorie und Praxis stellt eine Vorbereitung auf die mündige Teilnahme am gesellschaftlichen Leben dar und läßt die Jugendlichen „von den Ursprüngen her in die Kultur eindringen"[12]. Sie erhalten Gelegenheit, wichtige Entwicklungen und Zusammenhänge durch eigenes Handeln und konkreten Nachvollzug unmittelbar kennenzulernen. Dadurch aber werden enge Kontakte zwischen der „Erfahrungsschule" und der Realität „des sozialen Lebens" geknüpft.

Der Bauernhof:
Der Bauernhof soll wissenschaftliche und manuelle Arbeiten ermöglichen, welche es erlauben, „zu produzieren, auszutauschen und mit der Gesellschaft in direkten Kontakt zu treten mittels eines Geschäftes".

---

[11] Ebd., S. 140.
[12] Ebd.

Das Geschäft:
Der Laden gilt als „soziale Einrichtung", denn hier werden eigene Erzeugnisse sowie die Arbeiten benachbarter Handwerker verkauft. Er soll in Fortführung alter Traditionen im Sinne eines örtlichen „Kommunikationszentrums" dem Gedankenaustausch dienen. Darüber hinaus macht das Geschäft eine Auseinandersetzung mit Fragen der Buchführung etc. notwendig.

Das Gasthaus:
Dieses Wohnhaus der Jugendlichen wird von einem Ehepaar geleitet, aber auch die Lehrer wohnen teilweise in der Schule und nehmen am täglichen Gemeinschaftsleben teil. Die Schüler sollen angemessen in die Einrichtung, Organisation und Verwaltung dieses Hauses einbezogen werden. Bei Kurzbesuchen kann das „Wohn-Hotel" auch ihre Familien aufnehmen.

8.4.2 Inhalte und Methoden des Unterrichts

In einem allgemeinen Studien- und Arbeitsprogramm stellt Montessori drei große Aufgabenfelder vor. Die „Moralische Pflege", die „Leibespflege" und das „Rahmenprogramm für die Studien" sollen zusammen der allseitigen Entwicklung der Jugendlichen dienen. Zur „Moralischen Pflege" zählt die Forderung, daß die Beziehungen zwischen Schülern und Lehrern durch gegenseitige Achtung getragen sein müssen. Dabei muß man der Jugend „genügend Freiheit lassen, damit sie nach einer individuellen Initiative handeln kann"[13], ohne jedoch die Notwendigkeit gewisser Grenzen und Regeln grundsätzlich in Frage zu stellen. Infolge körperlicher Veränderungen während der Reifezeit erfordert die „Leibespflege" ganz besondere Aufmerksamkeit. Hier denkt Montessori insbesondere an eine gesunde Ernährung und sportliche Aktivitäten in freier Luft. Das „Rahmenprogramm für die Studien" schließlich besteht wiederum aus drei großen Einheiten. Der Unterricht soll:

a) dem Schüler durch vielgestaltige Aktivitäten im musisch-künstlerischen Bereich eigene Ausdrucksmöglichkeiten erschließen und zur Bereicherung seiner Persönlichkeit beitragen;

---

[13] Ebd., S. 145.

b) durch Mathematik und Sprache die grundlegende Bildung des Geistes fördern. Eine solide mathematische Grundbildung sowie die Kenntnis verschiedener Fremdsprachen stellen nach Montessori zudem unerläßliche Bedingungen für die mündige Teilnahme am Leben in der modernen Gesellschaft dar;

c) auf breit angelegter Basis natur- und gesellschaftswissenschaftliche Kenntnisse vermitteln. Wichtiger als reines Faktenwissen ist dabei das Denken in Zusammenhängen. Dazu gehört auch das kritische Hinterfragen technischer Entwicklung und der Einbezug ethischer Aspekte des Fortschritts, denn der Mensch lebt, so Montessori, „in Abhängigkeit von der Maschine, obwohl er sie beherrschen müßte"[14]. Erfahrung spielt auch beim Nacherleben der „Geschichte der Menschheit" eine wichtige Rolle, die das Kennenlernen sozialen und politischen Wandels bis zur Gegenwart zum Ziel hat. Hier sollen sich die Jugendlichen nach der Vermittlung genereller Überblicke durch den Lehrer bestimmten historischen Epochen im Eigenstudium widmen können.

Damit ist bereits die Überleitung zur Methodenfrage geschaffen. Neben gelegentlichen Hinweisen auf die Notwendigkeit freier Wahlmöglichkeiten und praktischer Experimente, der Einrichtung einer Schülerbibliothek und Bereitstellung verschiedenster Apparate, Materialien und Arbeitsmittel für das selbständige Lernen formuliert Montessori als Maxime: „Die besten Methoden sind diejenigen, die beim Schüler ein Maximum an Interesse hervorrufen, die ihm die Möglichkeit geben, allein zu arbeiten, selbst seine Erfahrung zu machen, und die erlauben, die Studien mit dem praktischen Leben abzuwechseln."[15]

Daneben fordert sie für diese Altersstufe auch die Möglichkeit der Zusammenarbeit in Gruppen, die sich spontan aus den Aufgaben und den Wünschen der Schüler ergeben kann, denn „das Studieren und Nachdenken rufen nach der Gruppe ... Die Gruppe bringt neue Kräfte hervor."[16] Unabdingbare Voraussetzung für die freie Arbeit der Sekundarschüler ist es, ihnen stets einen Überblick über die in den Lehrplänen festgeschriebenen Bildungsinhalte und Anforderungen zu verschaffen, so daß sie weitgehend selbständig und eigen-

---

[14] Ebd., S. 152.
[15] Ebd., S. 154.
[16] Ebd., S. 164.

verantwortlich lernen können. Die letzten zwei Jahre gelten Montessori als Phase der gezielten und ökonomischen Vorbereitung auf die Examina bzw. ein Hochschulstudium.

8.5 Entwicklung und Gestalt der Montessori-Sekundarschulen in den Niederlanden und Deutschland

Montessori gelang es nicht mehr, ihre Schulkonzeption zu verwirklichen, und die zunächst entstehenden Einrichtungen entsprachen ihren radikalen Vorstellungen nur ansatzweise. Dennoch stellt sie 1949 anerkennend fest: „In Holland gibt es fünf solcher höheren Schulen, die Montessori-Lyzeen heißen. Sie erreichten solch günstige Resultate, daß die Regierung sie unterstützt und sie gleich wie die anderen Lyzeen behandelt. In Paris besuchte ich vor dem Zweiten Weltkrieg ein privates Montessori-Lyzeum, wo die Schüler selbstsicherer und von unabhängigerem Charakter waren und auch ihre Prüfungen weniger fürchteten als die Schüler anderer französischer Lyzeen."[17]

Ob man ihren Entwurf als „produktive Utopie" oder „unrealistisches Idealbild" werten solle, ist umstritten. Trotz verschiedener Bemühungen innerhalb der Montessori-Kreise ist man bislang über Ansätze zur Erprobung des „Erdkinderplans" noch nicht hinausgekommen. Daher soll nachfolgend die Praxis derjenigen Sekundarschulen beleuchtet werden, die sich heute auf die italienische Pädagogin berufen. Dabei ist zu berücksichtigen, daß jede Einrichtung über gewisse Gemeinsamkeiten hinaus ihr eigenes Profil entwickelt, so daß hier nur einige verbindende Elemente aufgezeigt werden können.

8.5.1 Montessori-Sekundarschulen in den Niederlanden

Bereits ab 1918 nimmt in den Niederlanden die Zahl der Montessori-Einrichtungen rapide zu. Durch den Einsatz engagierter Eltern, die für ihre Kinder eine Fortführung dieser Erziehung über die Grundschule hinaus wünschen, entsteht 1930 in Amsterdam das erste Montessori-Lyzeum, gefolgt von weiteren Gründungen in Rot-

---

[17] Montessori, M.: Dem Leben helfen. Kleine Schriften 3, Freiburg 1992, S. 118.

terdam (1936), Utrecht (1945) und Den Haag (1950). Montessori-Lyzeen sind Gesamtschulen (scholengemeenschap), die in zwei bzw. drei Zweigen zu den verschiedenen Schulabschlüssen führen.

Äußerlich fällt zunächst die besondere architektonische Gestaltung auf, welche sich vor allem durch ihre Offenheit auszeichnet. Die Klassenzimmer sind oft nur durch eine Glasfront vom Korridor abgetrennt, was einen freien Einblick in die Räume ermöglicht. Auch findet man hier teilweise das „Prinzip der offenen Türen" verwirklicht, welches den Kindern während der Freiarbeit die freie Bewegung im Schulgebäude erlaubt. So können sie in dieser Zeit die Schülerbücherei oder bestimmte Fachräume aufsuchen. Überall sind Nischen und Rückzugsmöglichkeiten eingerichtet, die ein ungestörtes Lernen einzelner Schüler oder kleiner Arbeitsteams gestatten.

Jeder Schüler erhält zu Schuljahresbeginn sein persönliches Pensenbuch an die Hand, in welchem ihm die Lernziele und Unterrichtsinhalte jedes Faches mitgeteilt werden. Hier erfährt er auch, welche Gebiete in Freiarbeit bzw. im Klassenunterricht erschlossen werden, denn auf Arbeitsformen wie Gespräch, Vortrag oder Gruppenarbeit wird auch hier nicht verzichtet. Im Pensenbuch werden auch die erbrachten Leistungen festgehalten, welche meist in individuellen Prüfungen nachzuweisen sind.

Wichtigste Lernform ist die „fachgebundene Freiarbeit". Für die Dauer je einer Doppelstunde finden sich die Schüler in den Fachräumen ein und arbeiten mit Büchern, Arbeitsmitteln und Kontrollmappen am fachspezifischen Pensum. Dabei bestimmen sie selbst, an welchem Platz und in welchem Tempo sie arbeiten, ob sie alleine lernen oder mit Partner(n). Dieses Studium wird in besonders ausgewiesenen „Wahlstunden" ergänzt, in welchen man in frei gewählten Fächern wiederholt, vertieft, neue Themen bearbeitet oder Prüfungen ablegt. Der persönliche Lernfortschritt kann mit den Fachlehrern während der Freiarbeit, insbesondere aber in den „Werkbesprechungen" mit einem Vertrauenslehrer reflektiert werden, der als erster Ansprechpartner in schulischen Angelegenheiten fungiert und den Schüler individuell betreut.

Zwar wird das musisch-künstlerische Aufgabenfeld am Montessori-Lyzeum besonders gefördert, jedoch steht die handwerklich-praktische Arbeit noch nicht so sehr im Zentrum wie im „Erdkinderplan" vorgesehen. Hier liegen, wie an einigen deutschen Einrichtungen auch, noch weitere Entwicklungsaufgaben vor. Dennoch hält das Lyzeum viele Anregungen zur Gestaltung einer humanen Jugendschule bereit, von denen letztlich auch das vertrauensvolle und auffallend unverkrampfte Verhältnis zwischen Lehrern und Schülern hervorzuheben ist.

Besondere Beachtung verdient jedoch die Tatsache, daß sich die Jugendlichen mit Erfolg einen erheblichen Teil des Lernstoffes in freier Arbeit aneignen und auf diesem Wege die gleichen Ziele erreichen wie die Schüler der Regelschulen. Dies zwingt zum kritischen Nachdenken darüber, welches Vertrauen das deutsche Bildungssystem in dieser Hinsicht den Schülern entgegenbringt.

8.5.2 Montessori-Sekundarschulen in Deutschland

Ansätze zur Realisierung einer deutschen Montessori-Sekundarschulpraxis werden größtenteils durch persönliche Kontakte zu niederländischen Lyzeen und durch Elternvereine angeregt. Nach ersten Versuchen mit Freiarbeit in höheren Klassen Düsseldorfer Volksschulen wird ab Ende der 50er Jahre an der privaten Anna-Schmidt-Schule in Frankfurt die Arbeit nach den Prinzipien Montessoris auch im Gymnasialbereich aufgenommen. Die deutliche Mehrzahl der Gründungen erfolgt jedoch erst, mit Schwerpunkt im Rheinland, in den 70er Jahren.

Diese Montessori-Sekundarschulen werden teilweise als Ersatzschulen in freier Trägerschaft geführt. Oft aber handelt es sich um Montessori-Zweige an Regelschulen, an denen die Möglichkeit der Wahl zwischen beiden Schullaufbahnen besteht. Manche dieser Einrichtungen, wie in Köln oder Krefeld, weisen die Struktur eines „Zentrums" auf, dem Kinderhaus und Montessori-Grundschule angeschlossen sind. Deren Besuch stellt im übrigen zwar eine wünschenswerte Grundlage, aber nicht zwingend notwendige Voraussetzung für das Kind dar, welches in die Sekundarstufe einer weiterführenden Montessori-Schule eintreten will. Die Erfahrungen zeigen, daß auch ein Schüler, der nicht die Montessori-Grundschule besucht hat, mit den spezifischen Arbeitsweisen bald vertraut ist und sich „heimisch" fühlt.

Der Arbeit dieser Einrichtungen liegen die Richtlinien und Lehrpläne des jeweiligen Bundeslandes zugrunde, so daß sie sich nur hinsichtlich der Methoden, nicht in bezug auf Ziele und Inhalte von anderen Schulen unterscheiden. Daher sind auch die hier erzielten Schulabschlüsse absolut gleichwertig und mit denselben Berechtigungen verbunden. Wie aber lernen und arbeiten die Schüler einer Montessori-Sekundarschule?

8.5.2.1 Freiarbeit auf der Unterstufe

Auf der Unterstufe bildet die Freiarbeit in vorbereiteter Umgebung, wie sie auch in der Grundschule praktiziert wird, das Kernstück des Unterrichts (vgl. Klein-Landeck, Michael: Freie Arbeit bei Maria Montessori und Peter Petersen, 2. bearb. Aufl., Münster 1998). Um sie herum gruppieren sich vielfältige Klassenaktivitäten, die von der Regelschule her bekannt sind. Niemand käme an der Montessori-Sekundarschule ernsthaft auf den Gedanken – bildlich gesprochen –, die Kinder einzeln im Chor singen oder Fußball spielen zu lassen.

Im zeitlichen Umfang von bis zu 10 Wochenstunden erarbeiten sich die Kinder mit Hilfe von Lernmaterialien wesentliche Unterrichtsinhalte alleine, in Partner- oder Gruppenarbeit. Vor allem die schriftlichen Fächer geben jeweils 1–2 Stunden an einen sog. „Freiarbeitspool" ab, aus dem an jedem Morgen etwa 90 Minuten für die freien Aktivitäten zur Verfügung gestellt werden. Die Leistungsentwicklung der Schüler wird in der Freiarbeit besonders sorgfältig beobachtet und ihr Verlauf im individuellen „Lernpaß" dokumentiert.

Erwähnenswert ist die Tatsache, daß über das „klassische" Montessori-Material hinaus weitere Arbeitsmittel aus dem Fachhandel bezogen bzw. in Eigenleistung erstellt werden, welche auch die von Montessori nicht berücksichtigten Lernbereiche, wie z. B. die Fremdsprache, abdecken. In dieser Hinsicht ist, dies darf als ein typisches Kennzeichen dieser Pädagogik angesehen werden, auch das verstärkte Engagement der Eltern gefordert.

Allerdings verändert sich auf der Sekundarstufe notgedrungen das Gesicht der Freiarbeit. Das Durchführen größerer Arbeitsvorhaben in der Gruppe, die Anfertigung individueller Studienarbeiten sowie Vortrag und Diskussion gewinnen zunehmend an Bedeutung. Etwa ab der achten Klasse ist freies Arbeiten daher stärker projektorientiert, was sowohl den Interessen der Jugendlichen entgegenkommt als auch den schulischen Erfordernissen entspricht. Arbeitsmittel werden nun oft als zu „kindisch" empfunden, so daß sie sich zu Übungszwecken zwar noch einsetzen lassen, allmählich aber in den Hintergrund treten.

8.5.2.2 Projektarbeit auf der Mittelstufe

Im Rahmen projektartiger Verfahren lernen die Schüler größere Problemzusammenhänge eigenständig zu bearbeiten. Dabei ergeben sich besondere Möglichkeiten für das heute so dringend geforderte fachübergreifende Lernen sowie die Aneignung von Schlüsselqualifikationen und wissenschaftlichen Arbeitstechniken, die im Hinblick auf ein späteres Studium von Bedeutung sind.

Auf dieser Altersstufe häufen sich gewöhnlich die Probleme in der Klasse. Bei vielen Schülern läßt der Lerneifer nach, und sie wenden sich stärker ihren außerschulischen Interessen zu. Wie schon Montessori feststellt, wehren sie sich nun entschieden dagegen, wie Grundschulkinder behandelt zu werden. Disziplinarische Konflikte können sich bis zur offenen Rebellion gegen einzelne Lehrer steigern. Zu dieser angespannten Lage trägt auch die oft unzureichende Berücksichtigung ihrer Interessen und Fähigkeiten im Unterricht bei. Besonders intensiv erleben sie nun die Widersprüchlichkeit der Situation, wenn es beispielsweise heißt: „Wir wollen uns heute der Französischen Revolution zuwenden", während sie selbst in Gedanken ganz woanders sind.

Montessori-Sekundarschulen beschreiten unterschiedliche Wege der altersgemäßen Realisierung freier Arbeit auf der Mittelstufe.

An manchen Einrichtungen sind pro Halbjahr etwa drei größere schriftliche Arbeiten aus verschiedenen Fachbereichen anzufertigen, wofür etwa vier Wochenstunden zur Verfügung stehen. Zeitliche Vorgaben in Form verbindlicher Abgabetermine sollen dabei zu kontinuierlichem und gewissenhaftem Studium anleiten. Die Jugendlichen arbeiten während dieser Zeit gewöhnlich in ihrem Klassenraum, der ganz im Sinne einer vorbereiteten Umgebung gestaltet sein muß. Die Tische und Stühle sind je nach Bedarf so gestellt, daß man alleine, mit einem Partner oder auch in kleinen Gruppen arbeiten kann. Oft ziehen sich auch einzelne Teams auf den Korridor oder in angrenzende Räume zurück, um dort noch ungestörter zu sein.

In den offenen Schränken und Regalen befinden sich Sammelmappen, Themenhefte, Sachbücher, Nachschlagewerke und Lexika, die zur Anfertigung der Arbeiten benötigt werden. Dazu werden in abgegrenzten Funktionsbereichen auch Mikroskope, Cassetenrekorder, Schreibmaschinen oder Computer zur Verfügung gestellt, welche von den Schülern benutzt werden können. Oft weisen ansprechend gestaltete Aushänge auf Themenangebote sowie hilfreiche Materialien, Quellen und Verfahrensweisen hin, denn gemäß der Bitte „Hilf mir, es alleine zu tun!" ist auch in dieser Beziehung die angemessene Unterstützung der Heranwachsenden erforderlich.

Die Atmosphäre gleicht, wie häufiger festgestellt wird, der im Lesesaal einer Universität. Schüler bewegen sich leise im Raum, wenn sie Material benötigen. Mit gedämpfter Stimme und Rücksicht auf die Mitschüler tauschen sie sich über ihre Arbeiten aus. Eher im Hintergrund, aber doch spürbar präsent, überwacht der Lehrer die Arbeit und sorgt für den Erhalt eines produktiven Lernklimas. Wenn jemand nicht weiterkommt und Hilfe benötigt, wendet er sich an einen Mitschüler oder den Lehrer, denn dieser ist ständiger Ansprechpartner und flexibler Berater. Bei besonderen Sachfragen kann ein Schüler an manchen Schulen auch den betreffenden Fachlehrer in einem anderen Raum aufsuchen. So arbeiten die Jugendlichen über einen langen Zeitraum an ihren Projekten, die sie nach eigenem Interesse gewählt haben, werten Quellen aus, führen Versuche durch, fertigen Referate und Schaubilder an und planen die Ergebnispräsentation, die den Abschluß einer solchen Arbeit bildet. Sie selbst entscheiden sich für die geeignete Darbietungsweise, d. h., ob sie ein Rollenspiel aufführen, Vorträge halten, ein Video produzieren oder Infomappen anfertigen.

Eine andere Variante projektartiger Verfahren wird an der Bischöflichen-Maria-Montessori-Gesamtschule in Krefeld praktiziert. Den Klassen 9 und 10 steht ein sechsstündiger Projekttag pro Woche zur Verfügung, der ein nicht an die Richtlinien gebundenes Arbeiten in realen Handlungsbezügen erlaubt. Hier werden in der Klassengemeinschaft längerfristig angelegte Vorhaben bearbeitet und fächerübergreifende Lernprozesse in Gang gesetzt. Anders als in der an Regelschulen oft üblichen Projektwoche, die nur sporadisch angeboten, zeitlich eng begrenzt und meist von den Lehrern vorbereitet ist, lernen die Schüler hier die Verantwortung für eine gemeinsame Sache selbst zu übernehmen.

Der zeitliche Rahmen eines solchen Projektes umfaßt bis zu zwölf Wochen und gelegentlich auch mehr. In der Planungsphase legt die Lerngruppe zusammen mit dem Klassenlehrer und assoziierten Kollegen ein gemeinsames Rahmenthema fest, welches auf ein möglichst breites Interesse stößt. Bei diesen Entscheidungsprozessen werden bereits höchste Anforderungen an die Kritik- und Diskussionsfähigkeit sowie die Toleranzbereitschaft der Jugendlichen gestellt. Es ist wichtig, daß möglichst alle ihre Ideen beisteuern und ein Thema eingegrenzt wird, zu dessen Bearbeitung jeder seine Fähigkeiten und Interessen einbringen kann.

Die Arbeitsphase sollte eine Vielzahl unterschiedlicher Aktivitäten ermöglichen und außerschulische Lernorte, Eltern und Fachleute durchaus einbeziehen. Als anschauliches Beispiel wird gelegentlich der Bau eines Biohauses angeführt, der sich über einige

Jahre ausdehnte. Hier waren z. B. Kenntnisse in den Bereichen Ökologie und Hausbau zu erwerben, mathematische Berechnungen vorzunehmen, Kontakte zu Firmen, Architekten und Behörden aufzubauen, Texte zu verfassen, redaktionelle Aufgaben zu erledigen, finanzielle Fragen zu erörtern etc.

Jedes durchgeführte Projekt wird durch die Ergebnispräsentation sowie die gemeinsame Reflexion abgerundet. Aber nicht erst nach Abschluß eines Vorhabens, sondern am Ende eines jeden Projekttages findet die kritischer Rückschau auf das Geleistete statt, aus der heraus sich Perspektiven und Verbesserungsvorschläge für das weitere Vorgehen entwickeln lassen. Die Bedeutung der damit verbundenen Lernprozesse für die Selbständigkeit der Schüler kann gar nicht hoch genug eingeschätzt werden.

Daneben werden beispielsweise an der Krefelder Maria-Montessori-Gesamtschule die handwerklich-praktischen Aktivitäten besonders gefördert. So wird ein wesentlicher Beitrag zur ganzheitlichen Entwicklung der Jugendlichen geleistet und Montessoris Vorstellung einer Aufhebung des Gegensatzes von Kopf- und Handarbeit in hohem Maße berücksichtigt. Im Rahmen pädagogisch begleiteter Betriebs- und Sozialpraktika können die Schüler lebensbedeutsame Erfahrungen sammeln und eine erste Berufsorientierung gewinnen. Darüber hinaus erfolgt auf der Mittelstufe eine grundlegende Einführung in die Arbeit mit Holz, Metall, Keramik und Textil. Dies ermöglicht den in dieser Phase oft schulmüden Heranwachsenden vielfältige praktische, kognitive sowie soziale Lernprozesse und eröffnet ihnen wichtige Selbsterfahrungs- und Bewährungsfelder. Erinnert sei hier nochmals an Montessoris Forderung, die Jugendlichen ernst zu nehmen und ihnen altersgemäße, interessante und motivierende Lernangebote zu machen. Wieviele in diesem Alter oft ziellos umherschweifende Energien junger Menschen lassen sich auf diesem Wege in sinnvolle und schöpferische Bahnen lenken!

8.5.2.3 Eigenstudium auf der Oberstufe

Mit der Weiterentwicklung der Freiarbeit auf der Oberstufe wird pädagogisches Neuland betreten, jedoch liegen erste Erfahrungsberichte bereits vor.[18] In einer Pilotstudie wurde in einem Leistungs-

---

[18] Vgl. Heimbring, Darko: Montessori-Pädagogik und naturwissenschaftlicher Un-

kurs Physik zum Thema „Geschichte der Elektrizität" eine Form fachgebundenen Selbststudiums erprobt und dokumentiert, bei der die Erstellung einer selbständig verfaßten Halbjahresarbeit im Mittelpunkt stand.

Diese Arbeitsform kann als wichtiger Beitrag zur Anbahnung von Studierfähigkeit verstanden werden, denn sie führt die Jugendlichen in wissenschaftliche Verfahrensweisen ein und hilft ihnen zugleich dabei, persönlichen Interessen nachzugehen und diese zu vertiefen. Eine große Herausforderung besteht auch hier darin, den Mitschülern die eigenen Ergebnisse anschaulich zu vermitteln. Insgesamt haben die Schüler im Rahmen eines solchen Eigenstudiums die Möglichkeit, sich wirklich intensiv und ausdauernd auf ein Thema einzulassen, wohingegen die Kursarbeit der Sekundarstufe II sonst tendenziell dazu neigt, im typischen „Arbeitsblattunterricht" nur einen oberflächlichen und flüchtigen Blick auf die Welt im „DIN-A4-Format" zu werfen.

Allerdings wirkt sich die allgemeine Struktur der Oberstufe nicht gerade förderlich auf die Weiterentwicklung solcher Konzepte aus. Die Auflösung der Klassenverbände, Neuzugänge von anderen Einrichtungen und die Kooperation mit Nachbarschulen sorgen für eine sehr heterogene Zusammensetzung der Kurse ab Jahrgangsstufe 11, so daß sich nicht immer auf gleiche methodische Vorkenntnisse zurückgreifen läßt. Aber auch der mit Blick auf den Schulabschluß zunehmende Notendruck kommt in dieser Beziehung als erschwerender Faktor hinzu. Dennoch oder gerade deshalb liegen im Aspekt der freien Arbeit in der Oberstufe äußerst reizvolle Perspektiven und Entwicklungsaufgaben für die Zukunft.

8.6 Fazit: Montessori-Sekundarschule – eine Erfahrungsschule des sozialen Lebens

„Wenn alles schläft und einer spricht – dann nennt man dieses Unterricht" – so lautet eine tradierte Schülerweisheit. Andererseits wird darüber geklagt, daß die Schule kein Ort des Lernens in Muße sei. Wie aber lassen sich zwischen den Polen vermeintlicher Lange-

terricht, Aachen [2]1992; Ortling, Peter: Maria Montessori und die nach ihr benannten Schulen, in: Winkel, Rainer (Hrsg.): Reformpädagogik konkret, Hamburg 1993, S. 17–33.

weile und geistiger Hetze „die Menschen stärken und die Sachen klären", wie der Pädagoge Hartmut von Hentig dies fordert?

Auch die Montessori-Sekundarschule kann kein pädagogisches Allheilmittel sein, jedoch stellt sie das bemerkenswerte Beispiel einer humanen Bildungseinrichtung für die Jugend dar.

Sie betrachtet im jungen Menschen nicht nur den Schüler, sondern die ganze Persönlichkeit. In einer Atmosphäre der Ermutigung bietet sie ihm Möglichkeiten zur ganzheitlichen Entwicklung seiner Fähigkeiten und Neigungen, was Pestalozzi als die allseitige Bildung von Kopf, Herz und Hand bezeichnet. Dabei knüpft sie an die spontane Lernbereitschaft und Arbeitsfreude an, welche die Fünftklässler in der Regel mitbringen, unterstützt ihr Streben nach Selbständigkeit und läßt sie in hohem Maße den verantwortlichen Gebrauch von Freiheit einüben. Freiarbeit ermöglicht die Fortführung einer Unterrichtspraxis, welche im Grundschulbereich, auch außerhalb der Montessori-Einrichtungen, derzeit immer bedeutsamer wird. Indem die Sekundarschule auf diesem Wege das Kind „dort abholt, wo es steht", erleichtert sie ihm den sonst oft sehr abrupten Übergang.

Schüler wissen oft nicht, was sie im Unterricht erwartet, weil Lehrer das Planungsmonopol für sich alleine beanspruchen. An der Montessori-Schule wird ihnen hingegen ein großer Teil der Verantwortung für die eigene Lernentwicklung übertragen, so daß sie sich Kenntnisse aneignen und Kompetenzen erwerben können, die weit über das gewohnte Maß hinausgehen. Damit steht die Arbeit nach den Prinzipien Montessoris aber vollkommen im Einklang mit der zentralen Intention der Richtlinien, Hilfen zu geben zur Entwicklung der mündigen und sozial verantwortlichen Persönlichkeit. Ohne Anspruch auf Vollständigkeit seien hier stichpunktartig einige Qualitäten genannt, welche durch die „Erfahrungsschule des sozialen Lebens" besonders gefördert werden.

Selbst- und Sachkompetenz:
- Stabilisierung des Selbstvertrauens
- Entwicklung der Fähigkeit zur Selbsteinschätzung
- Entwicklung von Arbeitsfreude und Leistungsbereitschaft
- Verfolgung persönlicher Interessen
- Entfaltung von Kreativität
- Eigenständigkeit im Lernprozeß
- Erwerb wichtiger Arbeitstechniken und Methodenkenntnisse
- Aufbau von Organisationsfähigkeit
- Grundlegung des lebensbegleitenden Lernens

Sozialkompetenz:
- Entwicklung von Kooperationsbereitschaft und Teamfähigkeit
- Aufbau von Kommunikationsfähigkeit
- Entwicklung der Kritikfähigkeit
- Bereitschaft zur gegenseitigen Hilfe und Rücksichtnahme
- Entwicklung von Toleranz
- Bereitschaft zum Eingehen von Bindungen
- Bereitschaft zur Übernahme von Verantwortung

Curriculare Vorgaben machen im Sekundarbereich ein stärkeres Abweichen von Montessoris ursprünglichen Plänen notwendig und zwingen zu größeren Kompromissen als in der Grundschule. Ungeachtet dieser hier gegebenen „relativen Freiheiten" lassen sich die von Montessori bei Kindern beobachteten Phänomene wie Konzentration, Ausdauer und gegenseitige Hilfe auch in der Sekundarschule nachweisen.[19] Als charakteristische Langzeitwirkungen der Freiarbeit werden immer wieder das gesteigerte Interesse der Schüler an den Inhalten und am eigenen Bildungsweg dokumentiert, ein allgemeines Absinken von Fehlstunden und Unterrichtsstörungen, die Zunahme an Selbstdisziplin und eine generelle Verbesserung des sozialen Klimas verzeichnet.

Die „Erfahrungsschule des sozialen Lebens" versteht sich in ihrer jetzigen Gestalt nicht als abgeschlossen, sondern ist prinzipiell offen für mögliche Weiterentwicklungen. Deutlich spricht die bemerkenswerte Tatsache für sie, daß die Schüler meist schon mit konkreten, selbstgewählten Vorhaben für die Freiarbeit morgens zur Schule kommen. Nach Ansicht des Montessori-Kenners Paul Oswald lehrt aber die Erfahrung, „daß gerade auf diesem Wege die jungen Menschen zu einem wirklichen Kontakt mit den Sachen und den geistigen Problemen kommen"[20].

---

[19] Vgl. Meisterjahn-Knebel, Gudula: Montessori-Pädagogik und Bildungsreform im Schulwesen der Sekundarstufe – dargestellt am Beispiel der Bischöflichen Maria-Montessori-Gesamtschule Krefeld, Frankfurt a. M. 1995.

[20] Oswald, Paul: Der Jugendliche heute und die Montessori-Pädagogik, in: Orientierung – Schriftenreihe zur Lehrerfortbildung, H. 8, 1982, S. 25. Weitere Literatur zu diesem Thema: Integrative Montessori-Schule Münsterland e.V. (Hrsg.): Gemeinsam leben lernen. Konzept für eine Schule der Sekundarstufe I., Stand März 1988, Borken 1988. Verhees, Lucia-Corinna: Der rote Kreis. Vom anderen Lernen zum anderen Denken. Entwurf einer „Erfahrungsschule", Aachen 1996.

9. Maria Montessori über Kindererziehung

Eine Sammlung von Kernstellen zusammengestellt von Michael Klein-Landeck und Harald Ludwig

Der Erwachsene ist in seinem Verhältnis zum Kind egozentrisch – nicht egoistisch, aber egozentrisch. Alles, was die Seele des Kindes angeht, beurteilt er nach seinen eigenen Maßstäben, und dies muß zu einem immer größeren Unverständnis führen. Von diesem Blickpunkt aus erscheint ihm das Kind als ein *leeres* Wesen, das der Erwachsene mit etwas anzufüllen berufen ist, als ein *träges und unfähiges* Wesen, dem er jegliche Verrichtung abnehmen muß, als ein Wesen *ohne innere Führung,* das der Führung durch den Erwachsenen bedarf. Schließlich fühlt sich der Erwachsene als Schöpfer des Kindes und beurteilt Gut und Böse der Handlungen des Kindes nach dessen Beziehungen zu ihm selbst. So wird der Erwachsene zum Maßstab von Gut und Böse. Er ist unfehlbar, nach seinem Vorbild hat sich das Kind zurichten, und alles im Kinde, was vom Charakter des Erwachsenen abweicht, gilt als ein Fehler, den der Erwachsene eilends zu korrigieren sucht.

Mit einem solchen Verhalten glaubt der Erwachsene um das Wohl des Kindes eifrig, voll Liebe und Opferbereitschaft besorgt zu sein. In Wirklichkeit aber *löscht er damit die Persönlichkeit des Kindes aus.*

(Aus: Kinder sind anders. Il Segreto dell'Infanzia. Bearb. v. Helene Helming. Aus d. Ital. v. Percy Eckstein/Ulrich Weber. Klett-Cotta, Stuttgart 1952, [13]1993, S. 27.)

Will ein Kind etwas „ganz allein" tun, so wird es eifrig und ist voller Leben. Es müht sich ab – und sogleich greifen wir ein, um die begonnene Arbeit viel besser zu vollenden.

Lautet die Stimme des Versuchers vielleicht so: „Du willst dich waschen, dich ankleiden? Plage dich nicht so sehr, ich bin ja hier und kann alles vollbringen, was dein Herz begehrt."

Und das Kind, dem nichts mehr zu wollen übrig bleibt, wird launisch. Wir geben seiner Laune nach und glauben noch, ihm damit etwas Gutes zu tun.

126

Ich möchte allen Müttern den Rat geben: Laßt doch eure drei-
und vierjährigen Kinder in aller Ruhe sich allein waschen, sich ausziehen, laßt sie ohne Hilfe essen, so wie es ihnen paßt!
(Aus: Dem Leben helfen, Freiburg 1992, S. 59 und 56.)

Eine junge Dame in New York, die mit meinen Ideen vertraut war,
wollte diese bei ihrem hübschen, zweieinhalbjährigen Jungen in die
Praxis umsetzen. Eines Tages sah sie, wie das Kind ohne jeden erkennbaren Grund einen gefüllten Wasserkrug aus dem Schlafzim-
mer in den Salon trug. Sie beobachtete, mit welch angespannter
Anstrengung der Kleine sich mühsam vorwärtsbewegte und sagte
sich selbst unentwegt vor: *„Be careful, be careful!"* (Sei vorsichtig!)
Der Krug war schwer, und schließlich hielt es die Mutter nicht länger aus. Sie eilte dem Kind zu Hilfe, nahm ihm den Krug ab und
trug ihn dorthin, wo ihn das Kind haben wollte. Der Junge war
sichtlich beschämt und begann zu heulen. Der Mutter tat es leid,
das Kind gekränkt zu haben, doch rechtfertigte sie sich mit der Erklärung, sie hätte zwar verstanden, daß der Junge aus einer inneren
Notwendigkeit gehandelt habe, doch habe sie es einfach nicht über
sich gebracht zuzusehen, wie er sich abmühte und eine Menge Zeit
mit etwas verlor, das sie in einem Augenblick besorgen konnte.

„Ich sehe ein, daß ich falsch gehandelt habe", sagte mir jene
Dame und bat mich um einen Rat. Ich dachte an die andere Seite
der Sache, an jenes typische Erwachsenengefühl, das man „Geiz gegenüber dem Kinde" nennen könnte. So sagte ich ihr: „Haben Sie
ein feines Porzellanservice, wertvolle Tassen? Lassen Sie das Kind
ein paar von diesen leichten Gegenständen tragen und sehen Sie,
was geschieht." Die Dame folgte meinem Rat und erzählte mir später, ihr Junge habe diese zerbrechlichen Tassen eine nach der anderen mit größter Sorgfalt Schritt für Schritt heil und unversehrt an
ihren Bestimmungsort gebracht.
(Aus: Kinder sind anders. Il Segreto dell'Infanzia. Bearb. v. Helene Helming. Aus d. Ital. v. Percy Eckstein/Ulrich Weber. Klett-Cotta, Stuttgart
1952, [13]1993, S. 122f.)

Es ist nicht notwendig, vor den Kindern vollkommen zu erscheinen,
es ist aber notwendig, daß wir vor ihnen unsere Fehler erkennen und
ihre Bemerkungen geduldig hinnehmen. Wer diesen Grundsatz an-
erkennt, wird sich gleichsam bei den Kindern entschuldigen, wenn
er ungerecht gewesen ist.
(Aus: Dem Leben helfen, Freiburg 1992, S. 33.)

Ehe noch das Kind so weit ist, daß es klar und logisch motivierte Handlungen auszuführen vermag, wie es solche bei den Erwachsenen beobachtet hat, beginnt es, gemäß seinen eigenen Zwecken zu handeln, und macht dabei von den Gegenständen einen Gebrauch, der den Erwachsenen oft unverständlich bleibt. Das geschieht häufig bei Kindern im Alter zwischen anderthalb und etwa drei Jahren. So sah ich zum Beispiel einmal einen anderthalbjährigen Jungen, der in einem Zimmer einen Stoß frisch gebügelter, sorgfältig übereinandergelegter Servietten liegen sah. Er nahm eine von diesen, trug sie vorsichtig, um sie nicht zu zerknittern, in die schräg gegenüberliegende Zimmerecke, legte sie dort auf den Fußboden und sagte: „Eins!" Dann kehrte er in derselben schrägen Richtung zurück und bewies dabei ein besonders fein entwickeltes Orientierungsvermögen. Er ergriff hierauf eine zweite Serviette, trug sie wieder denselben Weg hinüber, legte sie auf die erste und wiederholte das Wort: „Eins!" Dieses Spiel setzte sich fort, bis sämtliche Servietten drüben gelandet waren. Hierauf beförderte er sie in gleicher Weise wieder an ihren ursprünglichen Ort. Der Serviettenstoß war zwar jetzt nicht mehr so genau geschichtet, wie das Dienstmädchen ihn zurückgelassen hatte, aber alle waren noch halbwegs richtig gefaltet, und das Ganze sah wohl leicht havariert, aber keineswegs in seinen Grundfesten erschüttert aus. Zum Glück für das Kind hatte sich während dieser ganzen, lange währenden Operation kein Familienmitglied in der Nähe befunden. Wie oft hingegen taucht hinter dem Rücken des Kindes ein Erwachsener auf und ruft: „Halt! Halt! Laß das in Ruhe!" Und wie oft werden diese kleinen, verehrungswürdigen Händchen geschlagen, damit sie sich daran gewöhnen, nichts anzurühren!
(Aus: Kinder sind anders. Il Segreto dell'Infanzia. Bearb. v. Helene Helming. Aus d. Ital. v. Percy Eckstein/Ulrich Weber. Klett-Cotta, Stuttgart 1952, [13]1993, S. 120f.)

Die Eltern sind die Wächter des Kindes, aber nicht seine Bauherren. Sie müssen es pflegen und beschützen im tiefsten Sinne dieser Worte, gleich einem, der eine heilige Aufgabe übernimmt, die über die Anliegen und Begriffe des äußeren Lebens hinausreicht. Die Eltern sind über-natürliche Wächter wie die Schutzengel, von denen die Religion spricht, und sie unterstehen ausschließlich und unmittelbar dem Gebot des Himmels, sind stärker als alle menschliche Autorität und mit dem Kind durch Bande vereint, die unlöslich sind, mögen sie auch unsichtbar sein. Zu solcher Aufgabe müssen die Eltern die Liebe, die von der Natur ihnen in die Seele gelegt wurde, läutern, und sie müssen verstehen, daß diese Liebe der bewußte Teil eines noch tieferen Gefühls ist, das nicht durch Egoismus oder Trägheit des Herzens verdorben werden darf. Die Eltern müssen mit Offenheit und Bereitschaft dem brennendsten Sozialproblem begegnen: ich meine den Kampf um die Anerkennung der Rechte des Kindes.

(Aus: Kinder sind anders. Il Segreto dell'Infanzia. Bearb. v. Helene Helming. Aus d. Ital. v. Percy Eckstein/Ulrich Weber. Klett-Cotta, Stuttgart 1952, ¹³1993, S. 290.)

Wir sind keine Optimisten, sondern wir sind Goldsucher. Wir kennen die Felsen, wo Gold vorhanden ist; und wir haben von den Kindern gelernt, wie man das herrliche Metall herausholt. Die Haltung unserer Erzieher ist nicht die phantastischer Optimisten, sondern es ist die Haltung der Liebe. Ein Mensch, der nicht liebt, sieht nur die Fehler bei den anderen; der liebt, sieht sie nicht und darum sagt man, die Liebe mache blind. Doch nur wer liebt, ist ein wirklich Sehender, und nur er kann die zarten Offenbarungen des Kindes sehen und verstehen, und vor ihm wird ein Kind seine wahre Natur zeigen können.

(Aus: Grundgedanken der Montessori-Pädagogik, hrsg. von P. Oswald und G. Schulz-Benesch, Freiburg ⁸1987, S. 40.)

Bis jetzt hat die Gesellschaft von der Familie, in der ein Kind geboren werden könnte, noch nie irgendeine Vorbereitung oder Garantie verlangt. Der Staat, der doch so streng in bezug auf amtliche Dokumente ist, der doch die kleinlichsten Formalitäten liebt, und alles, was auch nur einen Schimmer von sozialer Bedeutung hat, zu reglementieren pflegt, fragt nicht im geringsten nach den Fähigkeiten der künftigen Eltern und ist auch keineswegs darum bemüht, den Kindern in ihrer Entwicklung angemessenen Schutz zu gewähren. Ja, er vermittelt den Eltern nicht einmal Ratschläge oder angemessene Vorbereitungen.

Will einer eine Familie gründen, so genügt es, daß er sich beim Staat präsentiert und sich der einzigen Pflicht entledigt, die ihm in diesem Zusammenhang auferlegt ist: der ordnungsgemäßen Trauung. Im übrigen aber zeigt sich die Gesellschaft seit undenklichen Zeiten ganz und gar uninteressiert an den kleinen Werkleuten, denen die Natur die Aufgabe anvertraut hat, die Menschheit aufzubauen. Während es beständig Fortschritte gab, die den Erwachsenen zugute kamen, blieben die Kinder vergessen, ausgestoßen wie Wesen, die gar nicht zur menschlichen Gesellschaft zählen und denen es an der Möglichkeit fehlt, sich Verständnis für ihre wahre Lage zu erwirken. (Aus: Kinder sind anders. Il Segreto dell'Infanzia. Bearb. v. Helene Helming. Aus d. Ital. v. Percy Eckstein/Ulrich Weber. Klett-Cotta, Stuttgart 1952, [13]1993, S. 292f.)

Wenn man die Kinder so in ihrem Verhalten beobachtet, auf ihre Arbeit bedacht, die sie aufgrund der Unfertigkeit ihres Körperbaus langsam ausüben, so wie sie langsam laufen, weil ihre Beine noch kurz sind, hat man wirklich den Eindruck, daß sie an ihrem Leben arbeiten, so wie die Larve langsam den Schmetterling im Kokon herausbildet. Würde man sie in ihrer Beschäftigung behindern, hieße das, ihrem Leben Gewalt antun. Was tut man aber im allgemeinen mit den Kindern? Jeder unterbricht sie ohne jede Rücksichtnahme, ohne jeden Respekt, auf eine Art und Weise, wie es die Herren den Sklaven gegenüber taten, die keinerlei menschliches Recht besaßen. Auf ein Kind „Rücksicht" nehmen wie auf einen Erwachsenen, würde vielen sogar lächerlich erscheinen. Und doch, mit welcher Strenge sagen wir zum Kind: „Unterbrich uns nicht!" Wenn ein Kind etwas tut, z. B. allein ißt, kommt ein Erwachsener und füttert es; wenn es versucht, sich eine Schürze umzubinden, kommt ein Erwachsener und zieht es an; alle wollen brutal und ohne den geringsten Respekt seine Funktionen übernehmen. Und doch sind wir äußerst empfindlich im Hinblick auf das „Eigentum" unserer Arbeit; wer uns ersetzen will, beleidigt uns. In der Bibel steht der Satz: „Seinen Platz wird ein anderer einnehmen", unter den Drohungen an den verlorenen Menschen.

Was würde mit uns geschehen, wenn wir Sklaven eines Volkes würden, das unsere Gefühle nicht verstehen könnte, eines Riesenvolkes, das viel stärker ist als wir? Während wir z. B. in Ruhe unsere Suppe essen und sie auf unsere Art genießen (und wir wissen, welch ein Genuß es ist, „frei zu sein"), da kommt so ein Riese, reißt uns den Löffel aus der Hand und läßt uns in solcher Eile schlucken, daß wir fast daran ersticken. Unser Protest: „Um himmelswillen langsam", wäre von einer tiefen Angst begleitet, unsere Verdauung gefährdet. Nehmen wir an, wir ziehen uns ein anderes Mal langsam, voller Glück und in jener „Freiheit", die wir zu Hause genießen, den Mantel an. Da stürzt sich ein Riese auf uns, und nachdem er uns in einem Nu angezogen hat, schleppt er uns aus dem Haus. Sicher würden wir uns in unserer Würde gekränkt fühlen, und die ganze

Freude, die wir uns von dem Spaziergang erhofft hatten, ginge verloren. Unsere Ernährung hängt nicht nur von der heruntergeschluckten Suppe ab, und unser Wohlsein nicht nur von dem Spaziergang, sondern auch von der „Freiheit", in der alle diese Dinge geschehen. Wir würden uns den Riesen gegenüber rebellisch und beleidigt fühlen, sicher nicht aus Haß, sondern nur aus Liebe zu seinem inneren Drang, frei zu leben. In uns ist etwas, was der Mensch nicht kennt, sondern nur Gott, und er offenbart uns dies unmerklich, damit wir es vollbringen. Es ist diese Liebe, die uns im Innersten ernährt und unserem Leben Wohlsein verleiht, auch in seinen geringsten Äußerungen. (Daher sagt man: „Der Mensch lebt nicht vom Brot allein." Wieviel ausgeprägter muß dies im Kinde sein, in dem die Schöpfung im Gang ist.)
(Aus: Schule des Kindes, Freiburg 1976, S. 28–30.)

Das kleine Kind, das langsam anfängt, sich in der Außenwelt umzusehen, beginnt die wichtige Epoche des Beobachtens. Es sammelt Bilder um Bilder und prägt sie seinem Gedächtnis ein. Der Erwachsene kann nichts Unmittelbares dazu tun, dieser Arbeit zu helfen; aber er muß sich immer dessen bewußt sein, daß er sie nicht stören darf.

Erwachsene, die kleine Kinder auf den Arm nehmen, ohne den Ausdruck des kleinen Gesichtes zu verstehen, oder die ein Kind schaukeln oder mit ihm spielen, ohne zu wissen, was das Kind eigentlich möchte, stören es vielleicht bei einer wichtigen Arbeit. Ein kleines Kind muß aufmerksam und lange alles Neue betrachten, sei es das Gesicht eines neuen Menschen oder sei es ein Gegenstand. Wie oft hat ein kleines Kind bei einer solchen Störung schon geweint, und niemand hat die Tränen verstanden.
(Aus: Grundgedanken der Montessori-Pädagogik, Freiburg [8]1987, S. 29.)

Betrachten wir nun einmal das Verhalten der menschlichen Gruppen auf verschiedenem Kulturniveau. Jede dieser Gruppen wird uns in bezug auf die Kindererziehung intelligenter erscheinen, als wir es in der westlichen Welt mit unseren übermodernen Ideen sind. In vielen Ländern sehen wir, daß die Kinder nicht in einem solchen Gegensatz zu den Naturerfordernissen behandelt werden wie bei uns. Im größten Teil der Länder begleitet das Kind die Mutter überallhin, und Mutter und Kind sind wie ein einziger Körper. Auf ihrem Weg spricht die Mutter, und das Kind hört zu. Die Mutter verhandelt mit einem Händler über die Preise, und das

Kind ist dabei; das Kind sieht und hört alles, was die Mutter tut, und das geschieht während der gesamten Anpassungsperiode, die Sinn dieses engen Zusammenlebens ist. Da die Mutter das Kind nähren muß, kann sie es nicht allein lassen, wenn sie zur Arbeit aus dem Haus geht. Die Frage der Ernährung kommt zur Zärtlichkeit und natürlichen Anhänglichkeit zwischen Mutter und Kind hinzu, so daß die Ernährung des Kindes und die Liebe, die die beiden Wesen verbindet, das Problem der Anpassung an die Umgebung auf natürliche Weise lösen. Mutter und Kind sind also eine einzige Person.

(Aus: Das kreative Kind – Der absorbierende Geist, Freiburg ⁴1978, S. 97.)

Das Kind versucht „zu leben", und wir wollen es daran hindern. In diesem Sinne wird es für uns eine moralische Frage; denn wir beginnen Fehler zu analysieren, die, von uns ausgesehen, Schaden erzeugen und die Rechte anderer verletzen. Außerdem versteckt sich unter diesem unserem Fehlverhalten unser Egoismus; die Schuld des Kindes liegt im Grunde darin, daß es uns „belästigt"; wir kämpfen dagegen, um unser Wohlbefinden, unsere Freiheit zu verteidigen. Wie oft fühlen wir in der Tiefe unseres Herzens, daß wir ungerecht sind; aber wir begraben diesen Eindruck. Der kleine Rebell klagt ja nicht an und trägt uns nichts nach. Im Gegenteil, genauso wie es auf seinen „Bosheiten" beharrt, die Lebensformen darstellen, beharrt es in der Liebe zu uns, darin, uns alles zu verzeihen, die Beleidigungen zu vergessen, nur weil es wünscht, uns zu umarmen, sich auf unserem Schoß anzuschmiegen und weil es voller Zärtlichkeit an unserer Brust einschlafen will. Auch das ist eine Lebensform. Und was tun wir: Wenn es uns zuviel wird oder wir es leid sind, stoßen wir das Kind zurück und verstecken ein wenig heuchlerisch auch dieses Übermaß an Egoismus dahinter, daß wir es scheinbar gut mit dem Kind meinen: „Nicht so viele Faxen!" Die Beleidigung und die Verleumdung sind stets auf unseren Lippen wie ein Kehrvers: „Böse! Böse!" Und doch könnte das Kind das Bild der vollkommenen Güte darstellen: „Es denkt nichts Schlechtes; es erfreut sich nicht an der Ungerechtigkeit; es fügt sich in alles, glaubt und hofft alles." Wir hingegen können nicht immer das Gleiche von uns behaupten.

(Aus: Schule des Kindes, Freiburg 1976, S. 279f.)

Wonach suchen wir denn wirklich im Kind? Fast immer sind wir auf Ausschau nach Fehlern – nicht nur nach denen, die es gemacht hat, sondern auch nach denen, die es machen könnte. Eine Mutter regt sich immer über die Fehler ihrer Kinder auf, auch über die allerunschuldigsten. Es ist wie eine fixe Idee.

Darum sage ich, daß nicht Liebe, sondern Furcht oder sogar Haß hinter unserer Haltung gegenüber Kindern steht, denn jemand, der einen anderen liebt, findet in ihm alles Gute, was nur möglich ist – nicht nur offensichtliche Vorzüge, sondern auch verborgene Tugenden. Man könnte sagen, daß ein Liebender ein Zweites Gesicht hat und liebenswerte Eigenschaften sieht, die andere nicht bemerken.
(Aus: Die Macht der Schwachen, Freiburg [2]1992, S. 11.)

Die Erzieherin muß selbst gepflegt sein und gut gekleidet. Sie muß sauber und ordentlich sein und einen Teil der Anziehungskraft der Umgebung bilden. Wir müssen als Erzieherinnen Frauen haben, welche sich so schön wie möglich machen wollen, selbst wenn sie allein im Zimmer mit kleinen Kindern von drei bis sechs Jahren sind. Sie müssen etwas tun, das fast geheimnisvoll ist, sie müssen die kleinen Seelen anziehen und Teil des Reizes der Umgebung sein.

Mütter müssen das auch tun. Mütter müssen sich nicht nur schön machen für die Gesellschaft und für ihre Männer, sondern auch für ihre Kinder. Wenn sie sich für einen großen Empfang gekleidet haben, so müssen sie zu ihren Kindern gehen, so daß ihre Kinder sie bewundern können. Die kleinen Kinder sind so glücklich, wenn sie sehen, daß ihre Mütter schön aussehen, und sie bewundern sie so aufrichtig.
(Aus: Die Macht der Schwachen, Freiburg [2]1992, S. 104.)

Nimm erst den Balken aus dem eigenen Auge, und du vermagst auch den Splitter aus dem Auge des Kindes zu nehmen.

Wir müssen erzogen sein, wenn wir erziehen wollen.
(Aus: Kinder sind anders. Il Segreto dell'Infanzia. Bearb. v. Helene Helming. Aus d. Ital. v. Percy Eckstein/Ulrich Weber. Klett-Cotta, Stuttgart 1952, [13]1993, S. 208 und S. 209.)

Das Leben anregen, ihm jedoch dabei freien Lauf bei seiner Entfaltung lassen, hier liegt die erste Pflicht des Erziehers.
(Aus: Die Entdeckung des Kindes, Freiburg [6]1980, S. 126.)

Eines Tages sah ich im Pincio, unserem öffentlichen Park in Rom, ein etwa eineinhalbjähriges Baby, ein schönes, lächelndes Kind, das sich damit abmühte, einen kleinen Eimer mit Kieselsteinen zu füllen. Neben ihm saß ein adrett gekleidetes Kindermädchen, das dem Kind offensichtlich sehr zugetan war; die Art von Kindermädchen, die davon überzeugt war, dem Kind die herzlichste und klügste Betreuung zuteil werden zu lassen. Es war nun Zeit heimzugehen und das Kindermädchen ermahnte das Baby geduldig, seine Tätigkeit zu beenden und sich von ihr in den Kinderwagen setzen zu lassen. Als sie sah, daß ihre Ermahnungen keinerlei Eindruck auf die Entschlossenheit des Kindes machten, füllte sie selbst den Eimer mit Kieselsteinen und setzte das Baby mit dem Eimer in den Kinderwagen in der festen Überzeugung, dem Kind damit seinen Wunsch erfüllt zu haben. Ich war erstaunt über die lauten Schreie des Kindes und über den Ausdruck von Protest gegen Gewalt und Ungerechtigkeit, der sich in seinem kleinen Gesicht abzeichnete. Welch eine Anhäufung von Fehlern, die den wachsenden Verstand niederdrückten. Der kleine Junge wünschte gar nicht den Eimer voller Kieselsteine: er wollte die Bewegungen selber ausführen, die nötig waren, den Eimer zu füllen, um dadurch ein Bedürfnis seines lebhaften Organismus zu befriedigen. Das unbewußte Ziel des Kindes war seine eigene Selbstentwicklung, und nicht die äußere Tatsache eines Eimers voller Kieselsteine. Die äußeren Reize der Außenwelt waren nur leere Erscheinungen: das Bedürfnis seines Lebens war eine Realität. Sicherlich hätte das Kind den vollen Eimer wieder ausgeleert, um ihn wieder und wieder zu füllen, bis sein inneres Selbst befriedigt wäre. Es war das Gefühl, auf diese Befriedigung hinzuarbeiten, das wenige Augenblicke zuvor sein Gesicht so strahlen und lächeln ließ; geistige Freude, Übung und Sonnenschein waren die drei Lichtstrahlen, die seinem wunderbaren Leben gespendet wurden.

Jene alltägliche Episode im Leben dieses Kindes ist die Schilderung dessen, was jedem Kind, selbst dem bestbehüteten, zustößt. Sie werden nicht verstanden, weil der Erwachsene sie nach seinen eigenen Maßstäben beurteilt: er glaubt, daß es der Wunsch des Kindes sei, irgendwelche greifbaren Dinge zu erlangen und hilft ihm liebevoll dies zu tun: wogegen sich das Kind in der Regel unbewußt nach seiner eigenen Selbstentwicklung sehnt. Deshalb verschmäht es alles, was es bereits erreicht hat und verlangt nach dem, was noch entdeckt werden muß. So zum Beispiel bevorzugt das Kind das Anziehen und nicht das Angezogensein; es zieht selbst das Waschen der Befriedigung sauber zu sein vor; es ist ihm lieber, sich ein kleines Haus zu bauen, als es bloß zu besitzen. Seine eigene Selbstentwicklung ist sein wahres und nahezu einziges Vergnügen. Die Selbstentwicklung des kleinen Säuglings erschöpft sich bis zum

Ende des ersten Jahres zum größten Teil in der Nahrungsaufnahme; aber danach besteht sie darin, einen geordneten Aufbau der psycho-physiologischen Funktionen seines Organismus zu ermöglichen. Das schöne Baby aus dem Pincio ist ein Symbol dafür. Es wollte nur seine willentlichen Tätigkeiten koordinieren – seine Muskeln durch Anheben üben, seine Augen durch das Abschätzen von Entfernungen trainieren; seinen Verstand durch das damit verbundene Urteilen üben, seine Willenskraft stärken, indem es über seine Tätigkeiten selbst entscheidet; während die, die ihn liebte, ihn unglücklich machte, da sie fest überzeugt war, daß sein Ziel darin bestand, einige kleine Steine zu besitzen. Etwas gelernt zu haben, ist für das Kind nur ein Ausgangspunkt. Wenn es etwas gelernt hat, beginnt es freudig, die Übungen zu wiederholen, und es wiederholt sie sehr häufig mit der offensichtlichsten Befriedigung. Es hat Gefallen daran, diese Handlung auszuführen, weil es dadurch seine psychischen Aktivitäten entwickelt. Aus der Beobachtung dieser Tatsache erwächst die Kritik an dem, was heute in vielen Schulen geschieht – nehmen wir zum Beispiel eine Lehrerin, die eine Frage stellt, und die dann zu einem Schüler, der begierig ist zu antworten, sagt: „Nein du nicht, weil du die Antwort weißt", und die dann die Frage gezielt an jene Schüler richtet, von denen sie glaubt, daß sie sich unsicher über die Antwort sind. Diejenigen, die es nicht wissen, müssen antworten, diejenigen, die es wissen, müssen schweigen. Dies geschieht, weil man das Wissen fälschlicherweise als Endpunkt ansieht. (…)
(Aus: Die Disziplinierung der Kinder, in: Das Kind 14/1993, S. 9–11).

Nun, in den Herzen von beinahe allen Eltern erwachsen bei der Geburt ihres Kindes erhabene Gefühle. Es wird durch die Kraft der Liebe idealisiert. Aber dann wächst es heran und beginnt lästig zu werden. Man versucht dann, freilich mit einem Gefühl von Gewissensbissen, sich gegen es zu wehren. Zufrieden, wenn es schläft, versucht man, es soviel wie möglich schlafen zu lassen. Wenn es möglich ist, übergibt man es fremden Händen. Man vertraut es einer Pflegerin an. Man spricht sich Mut ein und bittet sie, es soviel wie möglich fernzuhalten. Wenn das Kind, dieses unerkannte und unbegriffene Wesen, das unbewußten Antrieben gehorcht, sich nicht unterwirft, bestraft und bekämpft man es. Da es schwach ist und seine Intelligenz und seine körperlichen Kräfte ihm keine Verteidigungswaffen zur Verfügung stellen, muß es alles ertragen. Es entsteht also ein „Konflikt" in der Seele des Erwachsenen, der das Kind liebt, im

135

Anfang vielleicht nicht ohne Schmerz und schlechtes Gewissen. Aber dann bringt der psychische Mechanismus, der die Beziehungen zwischen dem Bewußten und dem Unterbewußten regelt, eine Anpassung zustande. Nun entwickelt sich das, was Freud eine Flucht nennt. Das Unterbewußte bekommt die Überhand und suggeriert uns: „Was du tust, ist keine Abwehr gegen das Kind, es ist eine Pflicht, die du gegen das Kind erfüllst. Es ist notwendig und gut. Du mußt vielmehr recht mutig auftreten, denn so ‚erziehst' du, so baust du in ihm das Gutsein auf." Und mit diesem Trost und dieser Erleichterung werden die natürlichen Gefühle der Bewunderung und der Liebe begraben.
(Aus: Über die Bildung des Menschen, Freiburg 1966, S. 68f.)

Eine der wichtigsten Erziehungsaufgaben, die sich die Mütter stellen, ist die, ihre Kinder an Aufrichtigkeit zu gewöhnen.

Eine mir bekannte Mutter lehrte ihr Töchterchen, niemals zu lügen. Sie pflegte dabei die Niedrigkeit der Lüge auszumalen und den Mut, die Charakterstärke dessen zu preisen, der bereit ist, alles zu opfern, bevor er etwas so Schimpfliches täte. Sie suchte dem Kinde klarzumachen, wie aus einer Lüge eine ganze Reihe böser Taten entstehen könne, die zu immer Schlimmerem führe, ja sogar das Sprichwort wahrmachen könne: „Wer lügt, der stiehlt." Sie betonte besonders die Pflicht der Reichen und der Menschen aus guter Familie, ihre Würde hochzuhalten und den Armen, die keine so sorgfältige Erziehung hätten genießen können, ein leuchtendes Beispiel zu sein.

Eines Tages wurde die Dame von Bekannten ans Telefon gerufen, die zu einem Konzert einluden. Sie rief mit lauter Stimme ins Telefon: „Wie schade! Ich kann leider nicht ausgehen, ich habe sehr starke Kopfschmerzen." Kaum hatte sie das gesagt, als sie einen Schrei aus dem Nebenzimmer hörte. In der Sorge, es sei etwas geschehen, lief sie hinein und fand ihr Kind auf der Erde liegend, das Gesicht in den Händen vergraben. „Was ist geschehen, mein Kleines?" – „Meine Mutter hat gelogen!" schrie das Kind.

Sein Glaube war erschüttert. Eine Mauer stand zwischen Mutter und Kind. Die übliche gesellschaftliche Form hatte seine Gedanken verwirrt. Die Mutter, die sich so sehr bemüht hatte, ihr Kind an Wahrhaftigkeit zu gewöhnen, hatte die Lügen vergessen, die sie selbst jeden Tag zu sagen pflegte.
(Aus: Dem Leben helfen, Freiburg 1992, S. 14f.)

Manche Eltern verlangen, daß die Kinder sich ihren Anordnungen widerspruchslos fügen, wollen aber zugleich die volle Liebe ihrer Kinder besitzen. Hier werden zuweilen die Kinder die Lehrmeister ihrer Eltern, denn ihre Gedanken sind klar und rein und ihre Gefühle unglaublich gerecht. Eines Abends wollte eine gute und liebevolle Mutter ihren Jungen zu Bett schicken. Er bat sie, noch eine Arbeit fertigmachen zu dürfen, die er angefangen hatte. Die Mutter aber wollte nicht nachgeben. Der Junge tat so, als ob er schlafen ginge, später aber stand er auf, um seine Arbeit zu vollenden. Die Mutter überraschte ihn dabei und machte ihm heftige Vorwürfe, daß er sie getäuscht habe. „Ich habe dich nicht getäuscht", sagte der Junge, „im Gegenteil, ich hatte dir doch gleich gesagt, daß ich diese Arbeit fertigmachen will." Um das Gespräch abzubrechen, befahl die Mutter dem Kinde, sie um Verzeihung zu bitten. Aber das Kind beharrte darauf, über das Wort „täuschen" zu diskutieren – ebenso wie es vorher nicht hatte von seiner Arbeit lassen können – und fuhr fort zu erklären, daß es niemand „getäuscht" habe und daher auch niemand um Verzeihung zu bitten brauche. „So", sagte die Mutter, „jetzt sehe ich, daß du mich nicht lieb hast." „Aber Mutter", widersprach das Kind, „ich habe dich sehr lieb, aber ich kann dich nicht um Verzeihung bitten, wenn ich im Recht bin."

Noch ein Beispiel: Es handelt sich diesmal um einen Vater. Er war evangelischer Pfarrer, predigte allsonntäglich, und seine kleine Tochter wohnte der Predigt bei. Er sprach über die Barmherzigkeit Christi und davon, daß alle Menschen Brüder seien; über die Armen und Unglücklichen, die uns an Christus erinnern und die wir lieben müssen, wollen wir unsere Seele dem Heil zuführen. Die Kleine, ergriffen und voll Eifer, traf auf dem Heimweg ein zerlumptes Mädchen, das sie um ein Almosen bat. Sie ging darauf zu, umarmte es herzlich und küßte es. Die entsetzten Eltern zogen ihr sauberes, schöngekleidetes Kind schnell fort und schalten es wegen seiner Unbedachtheit tüchtig aus. Zu Hause drängten sie es, sich gründlich mit warmem Wasser und Seife zu waschen. Von da an hörte das Kind den Predigten zu, wie man gleichgültige Geschichten anhört, die mit dem eigenen Leben nichts zu tun haben.

So gibt es unzählige Konflikte, die aus den verkehrten Verhältnissen der Eltern zu ihren Kindern oder allgemeiner, der Erwachsenen zu Kindern überhaupt entstehen.

(Aus: Dem Leben helfen, Freiburg 1992, S. 16f.)

Literatur

I. Textsammlungen (zur Einführung geeignet)

Oswald, P./Schulz-Benesch, G. (Hrsg.): Grundgedanken der Montessori-Pädagogik – Aus Maria Montessoris Schrifttum und Wirkkreis zusammengestellt, Freiburg [15]1997 (enthält neben Texten Montessoris auch Beiträge zur Praxis der Montessori-Pädagogik und eine Biographie Montessoris).

Böhm, W. (Hrsg.): Maria Montessori – Texte und Gegenwartsdiskussion, Bad Heilbrunn/Obb. [5]1995 (enthält neben Texten Montessoris auch kurze Stellungnahmen heutiger Montessori-Experten).

II. Die wichtigsten Schriften Maria Montessoris in deutscher Sprache

Die Entdeckung des Kindes, Freiburg 1969, [14]1998 (früher: Selbsttätige Erziehung im frühen Kindesalter, Stuttgart 1913).

Mein Handbuch – Grundsätze und Anwendung meiner neuen Methode der Selbsterziehung des Kindes, Stuttgart 1922, 2. umgearb. Aufl. 1928.

Kinder sind anders. Il Segreto dell'Infanzia. Bearb. v. Helene Helming. Aus d. Ital. v. Percy Eckstein/Ulrich Weber. Klett-Cotta, Stuttgart 1952, [13]1993.

Das Kind in der Familie und andere Vorträge, Stuttgart 1954 (Neuausgabe in: Kleine Schriften Maria Montessoris Bd. 3: „Dem Leben helfen").

Kinder, die in der Kirche leben. Die religionspädagogischen Schriften von Maria Montessori, hrsg. von H. Helming, Freiburg 1964 (einige dieser Texte erneut abgedruckt in: Kleine Schriften Maria Montessoris Bd. 4: „Gott und das Kind").

Grundlagen meiner Pädagogik und weitere Aufsätze zur Anthropologie und Didaktik, besorgt und eingel. von B. Michael, Heidelberg 1965, [6]1985.

Über die Bildung des Menschen, Freiburg 1966 (in wesentlichen Teilen erneut abgedruckt in: Kleine Schriften Maria Montessoris Bd. 3: „Dem Leben helfen").

Von der Kindheit zur Jugend, Freiburg 1966, [3]1979 (teilweise erneut abgedruckt in: Kleine Schriften Maria Montessoris Bd. 1: „Kosmische Erziehung").

Das kreative Kind – Der absorbierende Geist, Freiburg 1972, [14]2000.

Frieden und Erziehung, Freiburg 1973 (teilweise erneut abgedruckt in: Kleine Schriften Maria Montessoris Bd. 2: „Die Macht der Schwachen").

Schule des Kindes, Freiburg 1976, [6]1996 (früher: Montessori-Erziehung für Schulkinder, Stuttgart 1926).

Spannungsfeld Kind – Gesellschaft – Welt, aus den nachgelassenen Schriften hrsg. von G. Schulz-Benesch, Freiburg 1979 (einige Texte erneut abgedruckt in: Kleine Schriften Maria Montessoris Bd. 1: „Kosmische Erziehung" sowie vor allem in Bd. 2: „Die Macht der Schwachen").

Kleine Schriften Maria Montessoris:

Bd. 1: „Kosmische Erziehung", Freiburg 1988, ³1995.
Bd. 2: Die Macht der Schwachen, Freiburg 1989, ²1992.
Bd. 3: Dem Leben helfen, Freiburg 1992.
Bd. 4: Gott und das Kind, Freiburg 1995.
Bd. 5: Erziehung für eine neue Welt, Freiburg 1998.

III. Auswahl wichtiger Sekundärliteratur in deutscher Sprache

Berg, Horst Klaus: Montessori für Religionspädagogen, 3. überarb. Aufl. Stuttgart 1999.
Biewer, Gottfried: Montessori-Pädagogik mit geistig behinderten Schülern, Bad Heilbrunn 1992.
Böhm, Winfried: Maria Montessori, Bad Heilbrunn 1969, 2. unveränd. Aufl. 1991.
Böhm, Winfried (Hrsg.): Maria-Montessori-Bibliographie 1896-1996, Bad Heilbrunn 1999.
Cavaletti, Sofia: Das religiöse Potential des Kindes – Religiöse Erziehung im Rahmen der Montessori-Pädagogik, Freiburg 1994.
Esser, Barbara/Wilde, Christiane: Montessori-Schulen, Reinbek bei Hamburg 1989.
Fähmel, Ingrid: Zur Struktur schulischen Unterrichts nach Maria Montessori, Frankfurt – Bern 1981.
Fischer, Reinhard: Lernen im non-direktiven Unterricht, Frankfurt – Bern 1982.
Fischer, Reinhard (Hrsg.): Die Praxis der Spracherziehung nach der Montessori-Pädagogik, Donauwörth 2000.
Fischer, R./Klein-Landeck, M./Ludwig, H. (Hrsg.): Die Kosmische Erziehung Maria Montessoris, Reihe: Impulse der Reformpädagogik, hg. von H. Ludwig, Bd. 2, Münster 1999.
Fischer, Reinhard/Heitkämper, Peter/Ludwig, Harald (Hrsg.): Erziehung zum Frieden in der Einen Welt – Der Beitrag der Montessori-Pädagogik, Reihe: Impulse der Reformpädagogik, hg. von H. Ludwig, Bd. 3, Münster 2000.
Fuchs, Birgitta/Harth-Peter, Waltraud (Hrsg.): Montessori-Pädagogik und die Erziehungsprobleme der Gegenwart, Würzburg 1989.
Haberl, Herbert (Hrsg.): Montessori und die Defizite der Regelschule, Freiburg 1993.
Haberl, Herbert (Hrsg.): Montessori-Pädagogik – Beiträge zu Theorie und Praxis, Wien 1994.
Haberl, Herbert (Hrsg.): Integration und Montessori-Pädagogik, Freiburg 1995.

Hainstock, Elisabeth: Montessori zu Hause – Die Vorschuljahre, Freiburg 1971.

Hainstock, Elisabeth: Montessori zu Hause – Die Schuljahre, Freiburg 1973.

Hammerer, Franz: Maria Montessoris pädagogisches Konzept – Anfänge der Realisierung in Österreich, Wien 1997.

Harth-Peter, Waltraud (Hrsg.): „Kinder sind anders" – Maria Montessoris Bild vom Kinde auf dem Prüfstand, Würzburg 1996.

Hebenstreit, Sigurd: Maria Montessori – Eine Einführung in ihr Leben und Werk, Freiburg 1999.

Heiland, Helmut: Maria Montessori – mit Selbstzeugnissen und Bilddokumenten dargestellt, Reinbek bei Hamburg 1991.

Heimbring, Darko: Montessori-Pädagogik und naturwissenschaftlicher Unterricht, Aachen 1990.

Hellbrügge, Theodor: Unser Montessori-Modell, München 1977.

Hellbrügge, Theodor/Montessori, Mario (sen.) (Hrsg.): Die Montessori-Pädagogik und das behinderte Kind, München 1978.

Helming, Helene: Montessori-Pädagogik, Freiburg [16]1996.

Holtstiege, Hildegard: Modell Montessori – Grundsätze und aktuelle Geltung der Montessori-Pädagogik, 10. erw. Auflage, Freiburg 1996.

Holtstiege, Hildegard: Studien zur Montessori-Pädagogik I: Maria Montessori und die „reformpädagogische Bewegung", Freiburg 1986; II: Maria Montessoris Neue Pädagogik: Prinzip Freiheit – Freie Arbeit, Freiburg 1987.

Holtstiege, Hildegard: Erzieher in der Montessori-Pädagogik, Freiburg 1991.

Holtstiege, Hildegard: Montessori-Pädagogik und soziale Humanität, Freiburg 1994.

Holstiege, Hildegard: Freigabe zum Freiwerden – Interpretationen zur Montessori-Pädagogik, Freiburg 1997.

Holtstiege, Hildegard: Das Menschenbild bei Maria Montessori, Freiburg 1999.

Katein, Werner (Hrsg.): Maria Montessori – Die Grundlagen ihrer Pädagogik und Möglichkeiten der Übertragung in Schulen, Langenau – Ulm 1992.

Klein-Landeck, Michael: Freie Arbeit bei Maria Montessori und Peter Petersen, Reihe: Impulse der Reformpädagogik, hg. von H. Ludwig, Bd. 1, 2. bearb. Aufl., Münster 1998.

Konrad, Franz M.: Kindergarten oder Kinderhaus? – Montessori-Rezeption und pädagogischer Diskurs in Deutschland bis 1939, Freiburg 1997.

Kramer, Rita: Maria Montessori – Leben und Werk einer großen Frau, München 1977 (als Fischer TB Frankfurt a.M. 1995).

Kratochwil, Leopold: Pädagogisches Handeln bei Hugo Gaudig, Maria Montessori und Peter Petersen, Donauwörth 1992.

Ludwig, Harald (Hrsg.): Montessori-Pädagogik in der Diskussion – Aktuelle Forschungen und internationale Entwicklungen, Freiburg 1999.

Meisterjahn-Knebel, Gudula: Montessori-Pädagogik und Bildungsreform im Schulwesen der Sekundarstufe, Frankfurt a.M. 1995.

Montessori, Mario (jun.): Erziehung zum Menschen, München 1977.

Montessori, Renilde/Schneider-Henn, Karin: Uns drückt keine Schulbank, Stuttgart 1983.

Montessori-Vereinigung e.V. (Hrsg.): Montessori-Material, Teile 1–3, Verlag Nienhuis Montessori International, 2. Auflage Zelhem/Niederlande 1992.

Montessori-Vereinigung e.V./APS Projectgroep Montessori (Hrsg.): Arbeitsbuch Geometrie, Köln – Utrecht 1996.

Oswald, Paul: Die Anthropologie Maria Montessoris, Münster 1970.

Scheid, Paul/Weidlich, Herbert (Hrsg.): Beiträge zur Montessori-Pädagogik 1977, Stuttgart 1977.

Schieder, Martin: Montessori-Mathematik, Handbuch für den Elementarbereich, Kleine Kinder lieben große Zahlen, Reutlingen 1996.

Schmutzler, Hans-Joachim: Fröbel und Montessori, Freiburg [4]1997.

Schulz-Benesch, Günter: Der Streit um Montessori, Freiburg 1961.

Schulz-Benesch, Günter: Montessori, Erträge der Forschung Bd. 129, Darmstadt 1980.

Schulz-Benesch, Günter (Hrsg.): Montessori (Beiträge der Sekundärliteratur von 1910–1968), Darmstadt 1970.

Seitz, Marielle/Hallwachs, Ursula (Hrsg.): Montessori oder Waldorf? Ein Orientierungsbuch für Eltern und Pädagogen, München 1996.

Seyfarth-Stubenrauch, Michael/Skiera, Ehrenhard (Hrsg.): Reformpädagogik und Schulreform in Europa, 2 Bände, Baltmannsweiler 1996.

Steenberg, Ulrich: Lass deinem Kind sein Geheimnis – Religiöse Erziehung nach Maria Montessori, Freiburg 1998.

Steenberg, Ulrich (Hrsg.): Handlexikon zur Montessori-Pädagogik, Ulm 1997.

Steibel, Rita: Die Sinneserziehung nach Maria Montessori, Eichstätt 1995.

Stein, Barbara: Theorie und Praxis der Montessori-Grundschule, Freiburg 1998.

Tervooren, Helga: Montessori-Pädagogik und rhythmisch-musikalische Erziehung im Kontext reformpädagogischer Modelle, Essen 1999.

Tielkes, Monika: Der „Pädagogische Versuch" Maria Montessoris, Amersfort 1991.

Verhees, Lucia-Corinna: Der rote Kreis – Vom anderen Lernen zum anderen Denken – Entwurf einer „Erfahrungs-Schule", Aachen 1996.

Wilms, Hans: Das Montessori-Musikmaterial, Teil 1: Die Glocken, Reutlingen 1997.

IV. Zeitschriften zur Montessori-Pädagogik in deutscher Sprache

MONTESSORI-Zeitschrift für Montessori-Pädagogik, hrsg. von der Montessori-Vereinigung e.V., Sitz Aachen, 4 Nummern jährlich (bis 1992 unter dem Titel „Montessori-Werkbrief"), ISSN 0944-2537.

DAS KIND – Halbjahrsschrift für Montessori-Pädagogik, hrsg. von der Deutschen Montessori-Gesellschaft, Sitz Würzburg, 2 Hefte jährlich, ISSN 0945-5582.

Anschriften

- Aktionsgemeinschaft Deutscher Montessori-Vereine e.V., Sandstr. 9, 47802 Krefeld, Tel. 02841/659054, Fax 02841/659057 (Die ADMV gibt u. a. ein Anschriftenverzeichnis deutscher Montessori-Einrichtungen und Montessori-Vereine heraus)
- Association Montessori International (AMI), Koninginneweg 161, NL-1075 CN Amsterdam
- Deutsche Montessori-Gesellschaft, Postfach 5461, 97004 Würzburg
- Montessori-Vereinigung e.V., Xantener Str. 99, 50733 Köln
- Montessori-Zentrum der Universität Münster, Bispinghof 5/6, 48143 Münster, Tel. 0251/8329192, Fax 0251/8329267, e-mail: montess@uni-muenster.de (Wissenschaftliches Lehr- und Forschungszentrum für Montessori-Pädagogik)

Biographische Angaben zu den Autorinnen und Autoren

Amelunxen, Hildegard: geb. 1934 in Köln. Nach Berufstätigkeit Lehramtsstudium in Köln; 1961 Junglehrerin an der Montessori-Grundschule Gilbachstraße in Köln; dort weitere Tätigkeit als Lehrerin, Konrektorin und von 1987–1997 als Rektorin. Montessori-Diplom als Schülerin von Helene Helming, Tätigkeit als Dozentin an Montessori-Diplomkursen im In- und Ausland, Montessori-Fortbildung bei Mario Montessori; Aufsätze und Rundfunkvorträge zu Themen der Montessori-Pädagogik. Seit 1997 im Ruhestand.

Elsner, Hans: geb. 1923; Studium der Pädagogik 1948–1950 u. a. bei der Montessori-Schülerin Helene Helming und bei Mario Montessori. Nach sechsjähriger Leitung einer Landschule 1956 Beginn mit dem Aufbau und der Leitung der Montessorischule in Köln, Gilbachstraße; Unterrichtsauftrag an der Universität Köln, Lehrauftrag an der Kath. Fachhochschule Köln, Leiter von Montessori-Diplomlehrgängen; zahlreiche Veröffentlichungen zur Montessori-Pädagogik.

Everhardt, Christina: Niederländerin, seit 1970 in Krefeld wohnhaft. Dort seit 1974 Leiterin eines Montessori-Kinderhauses mit 4 altersgemischten Gruppen. Seit 1976 Mitglied der Dozentenkonferenz der Montessori-Vereinigung mit Schwerpunkt Kinderhaus. Tätigkeit als Dozentin und Kursleiterin von Montessori-Lehrgängen und Experten-Seminaren im In- und Ausland.

Klein-Landeck, Michael: geb. 1959. Lehramtsstudium der Erziehungswissenschaft, Anglistik, Sportwissenschaft und Germanistik in Bonn und Galway (Irland); sechs Jahre Schulpraxis, darunter zwei Jahre an einem Gymnasium mit Montessori-Zweig. Von 1994-1999 an der Universität Münster und dem dortigen Montessori-Zentrum als Wissenschaftlicher Assistent in der Lehrerbildung tätig. 1996 Erwerb des Montessori-Diploms. 1997 Promotion zum Dr. phil. mit einer Untersuchung zur Freien Arbeit bei Montessori und Petersen.

Seit 1998 Mitglied der Dozentenkonferenz der Montessori-Vereinigung und Redaktionsmitglied der Zeitschrift „Montessori"; seit 1999 Aufbau eines Montessori-Zweiges an einer Gesamtschule in Hamburg. Zahlreiche Veröffentlichungen zur Montessori-Pädagogik.

Ludwig, Harald: geb. 1940 in Köln. Studium der Pädagogik, Philosophie, Theologie und Lateinischen Philologie in Köln, Freiburg und Bonn; 1967–1975 Unterrichtstätigkeit an Gymnasien; 1975 Promotion zum Dr. phil.; 1975–1980 Dozententätigkeit in der Lehrerbildung an der Pädagogischen Hochschule Bonn, 1980–1991 an der Universität Bonn; 1991 Habilitation in Schulpädagogik und Allgemeiner Didaktik an der Universität Bonn; 1991–1993 Vertreter einer Professur für Grundschulpädagogik an der Universität Koblenz. Seit 1993 Professor für Erziehungswissenschaft mit Schwerpunkt „Reformpädagogik/Montessori-Pädagogik" an der Universität Münster; Leiter des dortigen Montessori-Zentrums; zahlreiche Veröffentlichungen zur Montessori-Pädagogik und zu anderen pädagogischen Themen.

Onken, Annette: geb. 1948. Realschullehrerin; 1983–1992 Aufbau und Leitung des Montessori-Vereins Wuppertal e.V.; Erwerb des Montessori-Diploms 1986; Fortbildungsangebote in Montessori-Pädagogik für Eltern und Erzieher; Entwicklung und Leitung von Montessori-Eltern-Kind-Gruppen im Trägerverein Montessori-Kinderhaus e.V. Wuppertal, Ausbildung zur Systemischen Beraterin und Familientherapeutin mit Schwerpunkt „Zusammenarbeit mit Eltern im frühpädagogischen Bereich, Kindergarten und Schule".

Rudolph, Uta: geb. 1958. Studium für das Lehramt Primarstufe in Aachen; Erwerb des Montessori-Diploms 1981; Unterrichtstätigkeit an einer Montessori-Grundschule in Mönchengladbach und an einer Regelgrundschule; pädagogisch-wissenschaftliche Assistentin an einer Bildungsstätte; Mitwirkung an Montessori-Diplomlehrgängen sowie Leitung von Montessori-Seminaren für Eltern und andere Interessierte seit 1984.